Gruselreiches Österreich

2769

	Rückgabetermin		
1.	6. 11. '17	13.	
2.		14.	
3.		15.	
4.		16.	
5.		17.	
6.		18.	
7.		19.	
8.		20.	
9.		21.	
10.		22.	
11.		23.	
12.		24.	

Erich Weidinger

Gruselreiches Österreich

Illustrationen von
Christian Hemetsberger

2. Auflage 2015
Alle Rechte vorbehalten
Copyright © 2013 by Kral-Verlag, Kral GmbH
J.-F.-Kennedy-Platz 2
2560 Berndorf
Tel.: +43 (0) 2672/82 236-0, Fax: Dw. 4
E-Mail: office@kral-verlag.at

Texte von Erich Weidinger
Illustrationen im Kern und am Cover von Christian Hemetsberger
Illustrationen der Wappen von xl-graphic
Umschlag- und grafische Innengestaltung: xl-graphic, Wien,

Printed in EU
ISBN: 978-3-99024-114-1

Besuchen Sie uns im Internet: www.kral-verlag.at

Inhaltsverzeichnis

Zu diesem Buch 7

Vorarlberg **9**
Das Nachtvolk in Vorarlberg 10

Tirol **23**
Vom Putz in der Salvesenklamm 24
Der Maldongeist 26
Unheimliche Schatzsuche in der Schneeburg
in Innsbruck 28
Der Feuergeist in Hall in Tirol 32
Der streitlustige Feuerputz am Thierberg bei Kufstein 35

Salzburg **39**
Die Schlittenfahrt am Saalbacher Friedhof 40
Die Stiefel und das Wasserkalb 46
Das Wirtshaus zum goldenen Kreuz 50

Oberösterreich **53**
Was ihr am Dachstein beachten solltet 54
Der unheimliche Fahrgast 56
Vom Trutzbauern in Linz 59
Der rote Hügel 61

Niederösterreich **65**
Gericht auf Schloss Greillenstein 66
Unheimliches auf der Schallaburg 71
Vom Mostwurm in Mödling 76

Wien **79**
Das Monster im Brunnen (Basilisk) 80
Die unheimliche Mette im Stephansdom 87
Die verhängnisvolle Einladung 91

Burgenland **97**
Vom Wechselbalg 98
Gruseliges aus der Gruft in Lockenhaus 103

Steiermark **109**
Der Spuk auf Freienstein 110
Die Ahnfrau der Eggenberger in Graz 113
Der Tatzlteich und die Frösche 117

Kärnten **123**
Der Totenweckruf von Klagenfurt 124
Friedhofspuk in Pisweg 129

Glossar 137
Quellenverzeichnis 141
Danksagung 144
Internetseiten 145
Ortsverzeichnis 146
Burgen, Klöster, Ruinen und Schlösser 148
Der Autor 149
Der Illustrator 150

 6

Zu diesem Buch

Die vorliegenden österreichischen Gruselsagen sind nach Bundesländern geordnet. So ein Buch bedeutet viel Arbeit und Recherche. Das heißt, ich bin quer durch Österreich gefahren und habe alle Orte und Schauplätze besucht, die in diesem Buch vorkommen. Dort habe ich die Bewohner zu den Geschichten befragt, denn es ist nicht immer leicht, die genauen Plätze zu finden. So eine Arbeit nennt man Feldforschung. Die Geschichten habe ich nicht selbst erfunden, sie sind bereits in vielen alten Büchern und Schriften abgedruckt. Deshalb habe ich am Ende des Buches einen Quellenhinweis angeführt, wo alle Bücher und auch Personen aufgelistet sind, die zu diesem Buch beigetragen haben. Sagen stammen aus alten Zeiten und viele Gegenstände und Wörter sind heute nicht mehr bekannt. In einem Glossar am Ende des Buches haben Verena Moser (meine Lektorin) und ich viele Begriffe erklärt. Alle Wörter, die in diesem Buch schräg gestellt sind, das nennt man *kursiv*, sind in diesem Glossar zu finden. Zum Abschluss sind Internetseiten aufgelistet, die mir ebenfalls geholfen haben und auf denen weitere Informationen zu den Sagen zu entdecken sind. Ein Ortsregister rundet diesen Band ab. Dort sind alle Orte, die in diesem Buch vorkommen, alphabetisch aufgereiht.

(Bregenzerwald, Raggal, Tschagguns, Kl. Walsertal, Göfis, Rankweil, Dornbirn, Thüringen)

Das Nachtvolk in Vorarlberg

Viele gruselige und auch lustige Geschichten gibt es rund um das Nachtvolk, das vorwiegend im Walgau unterwegs war. Was war und ist dieses Volk?
Wilde Tiere und schlimme Geister, schreckliche Dämonen und gemeine Hexen waren unterwegs von Berg zu Berg. Selten zogen auch die Seelen von Verstorbenen mit. Die wilde Schar sauste durch die Täler. Niemand wusste, woher sie kam und was ihr Ziel war. Am häufigsten war das Nachtvolk in den zwölf Nächten zwischen Weihnachten und dem Dreikönigstag unterwegs, den sogenannten Raunächten. Wer unter diese Geisterschar kam, sollte sich schnellstens auf den Boden legen und das Kreuzzeichen machen. Wenn man Glück hatte, kam man so fast unbeschadet davon.

Das Nachtvolk musiziert und feiert

So erging es in einer Nacht zwei Mädchen im Bregenzerwald. Sie waren zu Fuß von Schrecken nach Rehmen am Weg nach Hause und wurden vom Nachtvolk überrascht. Kurz bevor sie es sahen, sagte das eine Mädchen: „Hörst du das auch? Diese himmlischen Klänge?"
Tatsächlich hörten sie von Ferne wunderschöne Musik, die sie zu verzaubern schien. Wie erstarrt standen die beiden still und hörten zu. Je näher die Musik auf sie zukam, desto grässlicher wurde sie. Undefinierbare Geräusche, Kettengerassel und Katzengeschrei ließ die Mädchen zusammenzucken. Da erinnerte sich eines der Mädchen an die Erzählungen der Großeltern.
„Schnell, wirf dich auf den Boden! Mit dem Gesicht nach unten. Und mach das Kreuzzeichen! Das ist das Nachtvolk! Bleib liegen, egal was passiert!"
Die Freundinnen schlugen das Kreuzzeichen und lagen sogleich am Boden.
Wie ein fürchterlicher Sturm fuhr das Nachtvolk über sie hinweg. Immer wieder spürten sie, dass etwas an ihrer Kleidung zog, als ob jemand versuchte sie aufzuheben, was aber nicht gelang. Erst als es wieder ruhig geworden war und auch von Weitem nichts mehr zu hören war, richteten sich die Mädchen auf. Sie waren schmutzig und ganz zerzaust.
Als sie sich gegenseitig ansahen, erkannten sie, dass beide

ein geschwollenes Gesicht hatten, als hätte es ihnen jemand aufgeblasen. Weinend liefen sie nach Hause. Es dauerte längere Zeit, bis die Schwellungen zurückgegangen waren und ihre Gesichter wieder hübsch anzusehen waren.

Eine Frau aus Raggal wusste nichts über die schlimme Gesellschaft und geriet durch die liebliche Musik hinein. Sie konnte sich zwar noch in ihr Haus retten, aber von da an litt sie unter dem schrecklichen Lärm, den sie ihr Leben lang nicht mehr aus den Ohren brachte.

Ein Mann aus Tschagguns hatte gehört, dass das Nachtvolk die Kunst des Flötenspielens beherrsche, wie sonst niemand. Da er das auch erlernen wollte, stellte er sich in der ersten *Raunacht* an eine Kreuzgasse, das ist eine Wegkreuzung, durch die die Geisterschar meistens kam.
Der Mann hörte schon von Weitem die herrliche Musik und stellte sich an einen Zaun, sodass er der Gesellschaft nicht im Weg war. Fürchterlich war anzusehen, was da auf ihn zukam. Nur sein eiserner Wille zwang ihn stehenzubleiben und nicht schreiend davonzulaufen. Als das Nachtvolk direkt neben ihm vorbeizog, rief er:
„Ich möchte auch so schön die Flöte blasen wie ihr! Kann mir das jemand beibringen?"
Da blieb eine kleine, scheußliche Gestalt vor ihm stehen und blickte ihm aus grausig blutunterlaufenen Augen ins Gesicht. Zitternd vor Angst wiederholte der Mann seine Bitte.
„Ach ja? Du meinst, du kannst das erlernen?" sprach das Wesen vor ihm und kam ihm dabei so nahe, dass er den Gestank kaum aushielt.

„Gut, komm in der nächsten *Raunacht* wieder hier her und erwarte uns. Du darfst dabei kein Wort sprechen oder gar lachen. Kein Laut darf über deine Lippen kommen. Du musst still stehen und uns zusehen. Wenn du das schaffst und wir an dir vorbeigezogen sind, kannst du von selbst die Flöte spielen."

Der Tschaggunser konnte nicht mal antworten, da war die Gestalt mitsamt dem Nachtvolk verschwunden. Er war vor Angst und Schrecken schweißgebadet, aber auch glücklich, dass er seine Bitte vorbringen konnte und ihm diese gewährt werden würde.

In der nächsten *Raunacht* stellte er sich auf den selben Platz und wartete auf die Geisterschar. Er fürchtete sich nicht mehr, da er meinte, es könne ihm nichts mehr passieren. Er müsse nur zusehen und dann würde sich alles von selbst regeln.

Von Weitem vernahm er wieder das schöne Musizieren und drehte sich in die Richtung, aus der das Volk kam. Diesmal war das Auftreten noch schlimmer. Der Mann musste sich zwingen, ruhig zu bleiben und zuzuschauen. Solch schreckliche Gestalten hatte er noch nie gesehen. Unförmige Wesen und fürchterliche Dämonen kamen direkt auf ihn zu. Einer hatte sein Haupt zwischen den Armen und ein anderer trug den Kopf verkehrt herum. Etwas hauchte ihm stinkenden Atem ins Gesicht, dass es ihn fast umwarf. Dabei war ein Lärm und Getöse, wie es lauter nicht sein konnte. Eine Gestalt zeigte mit einem dürren, langen Finger über seinen Kopf. Da entdeckte er über sich einen wie von Geisterhand schwebenden schweren Mühlstein. Der Mann musste allen Mut zusammennehmen, um nicht fortzulaufen und laut loszuschreien. Irgendwann war der Horror vorbei und die letz-

ten Wesen, die vorbeizogen, konnten ihn nicht mehr erschrecken. Innerlich fing er schon zu lächeln an, da die Vorfreude auf das Flötenspiel groß war.
Da kam zum Schluss ein gar seltsames Wesen auf ihn zu. Wie ein zu groß geratener weiblicher Zwerg hinkte es hintennach. Immer wieder sprach es: „Es steckt im Rahm! Es steckt im Rahm!"
Da entdeckte der mutige Mann das breite, nackte Hinterteil der Gestalt. Und mittendrin steckte ein großer Schöpflöffel, wie ihn die Mutter in der Küche hatte. Jetzt konnte er nicht mehr ruhig bleiben und fing laut zu lachen an, da es so komisch aussah. Somit hatte er seine Probe nicht bestanden. Das Flötenspiel erlernte er nicht mehr und dem Nachtvolk ging er in Zukunft aus dem Wege.

Zum Musizieren gehört auch das Feiern. So geschah es im Kleinen Walsertal, dass an einem religiösen Feiertag das Nachtvolk einem Bauernhof einen folgenreichen Besuch abstattete. Die Wesen holten die beste Kuh aus dem Stall und schlachteten sie. Die Bauernfamilie konnte nur hilflos zusehen. Nach dem Sieden und Braten wurden die köstlichsten Gerichte aus dem Rindfleisch aufgetischt. Bei einem riesigen Festschmaus wurde alles verzehrt, dabei ging es zu wie auf einem Volksfest. Die Gestalten musizierten, tanzten und machten Sachen, die wir Menschen auf einem Feste nicht zulassen würden. Selbst den Kindern der Bauersleute, die mit Grausen zusahen, wurde das Fleisch zum Essen angeboten.
„Ihr könnt essen, so viel ihr wollt, aber ihr dürft keine Knochen zerbrechen, zernagen oder gar verlieren!" Mit diesen

Worten wurden ihnen von zwergenhaften Dienern die Speisen vorgesetzt.

Etwas später kam eine größere Gestalt mit der abgezogenen Kuhhaut herein und sammelte alle Knochen ein. Als ob sie wüsste, wie viele es waren, suchte sie einen bestimmen Knochen, der aber nicht zu finden war. Nun wurde die Kuhhaut über die Knochen gewickelt.

„Einer fehlt. Da kann ich nichts mehr machen. Wird schon nicht so schlimm sein." Der Knochensammler trug alles in den Stall und bald war das Nachtvolk verschwunden. Erst am nächsten Tag getraute sich die Familie wieder aus dem Haus. Und die Kinder staunten nicht schlecht, als sie im Stall ihre Kuh entdeckten, die Tags zuvor verzehrt worden war. Sie schien gesund zu sein, lediglich das rechte Hinterbein zog sie nach, als ob ein Knochen fehlen würde. So kam es, dass die Bauern von einem Tag auf den anderen eine hinkende Kuh hatten.

Stell dich nicht dem Nachtvolk in den Weg!

Wer es wagt, dem Nachtvolk hinterherzugehen oder sich ihm gar in den Weg zu stellen, dem kann es schlimm ergehen.

Ein junger Mann aus Göfis war in Rankweil zu Besuch. Es war schon spät und er wollte über Tufers nach Hause gehen. Beim Tufner-Kreuzweg, der wahrscheinlich

damals hinter der Valduna über den heutigen Russenfriedhof ging, wurde er plötzlich vom Nachtvolk überrascht. Die Musik und das Rauschen über den Bäumen ließen ihn neugierig auf das Kommende warten. Über die Vorzeichen des Nachtvolkes wusste er nichts. Plötzlich war er mitten drin. Es war so dunkel, dass er nichts Genaues sehen konnte.
Da vernahm er eine fürchterliche Stimme:
„Mitten unter uns ist ein fauler Stock! Wir sollten ihn mit einer Säule aufrecht halten."
Der Bursche konnte die Worte nicht deuten, da spürte er plötzlich einen heftigen Schmerz in der Achsel, als ob ihm jemand ein Messer unter den Arm gesteckt hätte. Er griff an die Stelle und spürte einen Stock herausragen, den er aber nicht herausziehen konnte. Der Schmerz ließ nicht mehr nach. Das Nachtvolk war schon lange über ihn hinweggezogen, als er endlich nach Hause kam. Der Stock in ihm war nicht zu sehen. Nur er allein fühlte ihn und spürte die ständigen Schmerzen. Kein Arzt konnte helfen und manche hielten ihn für verrückt.
Ein altes Weib aus der Nachbarschaft wusste Rat und sprach zu ihm:
„Stell dich im kommenden Jahr zur selben Nacht an die gleiche Stelle! Warte auf das Nachtvolk und lass es wieder über dich hinweg ziehen! Leg dich auf den Boden, fürchte dich nicht und sei still! Ein Spruch des Nachtvolkes heißt: ‚Was höher ist als ein Knie, ist mi!' Lass also geschehen, was geschieht und es wird dir besser gehen!"
Nach einer schlimmen Zeit voll Schmerzen und Hilflosigkeit humpelte der Mann genau ein Jahr später in der *Raunacht* an besagte Stelle, legte sich auf den Boden und wartete. Bald

war das Nachtvolk zu hören und kurz darauf war es über ihm. Er erkannte die Stimme aus dem Vorjahr. Nur diesmal sprach sie:
„Da steckt ja unsere Säule noch immer in dem faulen Stock. Heute nehmen wir sie wieder mit!"
Die Gestalt griff zu und zog schnell den unsichtbaren Stock aus dem Liegenden heraus. Dieser verspürte dabei nochmals einen schlimmen Schmerz. Und dann war es vorbei. Als alles still geworden war, erhob sich der Mann und ging fröhlich nach Hause. Der Schmerz und der Stock in seinem Körper waren weg. In den Raunächten der kommenden Jahre blieb er zur Sicherheit immer zu Hause.
Ähnlich erging es einem Mann in Satteins. Dort kam von der Burg Schwarzenhorn jedes Jahr das Nachtvolk durch die Hollagasse herab. An einer Kreuzgasse stand das Haus vom Sepple. Ein Mann geriet unter das Volk und jemand hieb ihm unter die Achsel ein Beil, das ihm erst nach einem Jahr an selber Stelle wieder abgenommen wurde.
Der Sepple hatte früher genau auf dem Weg des Nachtvolkes einen Misthaufen. Jedes Mal, wenn die Gesellschaft herabkam, war der Misthaufen auseinandergerissen und auf die umliegenden Wiesen und Häuser verteilt. Da wurde es dem Sepple zu bunt. Vor den Raunächten teilte er den Misthaufen auseinander, sodass das Nachtvolk dazwischen durch konnte, ohne den Mist in der Gegend herumzuschmeißen.

Das Nachtvolk nimmt auch Kinder mit

In Heilgereute bei Dornbirn kam das Nachtvolk durch. Ein kleines Mädchen, nur mit seinem Nachthemd bekleidet, war nach draußen gegangen, da es schöne Musik vernahm. Die Kleine wollte nachsehen und wie ein Gewitter kam die Schar über sie. Das Kind wurde in die Luft gehoben und mitgerissen. Die Eltern suchten ihre Tochter verzweifelt und konnten sie nirgends finden. Am nächsten Tag lief das Mädchen schmutzig und verwirrt einem Bauern in Mellau im Bregenzerwald entgegen. Das Nachtvolk hatte es einfach dort abgesetzt. Der Bauer staunte nicht schlecht, als er die kleine Gestalt sah. Das Mädchen sagte seinen Namen und wo es wohnte. Die Eltern waren erleichtert und glücklich, als ihre kleine Tochter mit einem fremden Mann des Weges kam.
Schlimmer erging es einem Mädchen aus der Gemeinde Thüringen. Die Geschichte geschah vor über 200 Jahren:
Maria, ein Mädchen mit acht Jahren, spielte an einem *Fronfastensamstag* mit anderen Kindern hinter dem Gasthof Hirschen, den es heute nicht mehr gibt. Es war schon spät und es dämmerte bereits. Die Kinder waren alleine beim Schwarzbach. Plötzlich kam ein Sturm auf und Maria wurde in die Luft gehoben. Sie konnte sich nicht helfen und wurde herumgewirbelt. Immer höher drehte sie sich und bald war sie für die anderen Kinder nicht mehr zu sehen. Zuerst hat-

ten die Spielgefährten noch Spaß daran, wie Maria im Wind tanzte, doch jetzt, wo sie verschwunden war, bekamen sie es mit der Angst zu tun und liefen geschwind nach Hause. Marias Mutter war vor längerer Zeit gestorben und ihr Vater lief alleine umher, um sie zu suchen, doch es war keine Spur von ihr zu finden. Er bat den Pfarrer und die Kapuzinermönche von Bludenz um Hilfe. Diese hielten Messen und beteten unentwegt. Sie versuchten damit die Dämonen zu verjagen und den Zauber zu brechen, um den es sich wahrscheinlich handelte. Am dritten Tag stand plötzlich Maria mit nur einem Schuh vor der Tür. Sie war ganz bleich und schwach.
„Wo bist du die drei Tage gewesen, Maria?" fragte der Vater.
„Viele Leute haben mich mitgenommen. Aber ich habe niemanden gekannt. Weit sind wir herumgezogen. Sie haben mich ständig vorwärts getrieben. Hunger habe ich. Sie haben mir fast nichts zum Essen gegeben."
Der Vater hob seine Tochter auf, gab ihr etwas zu essen und legte sie ins Bett. Sie war so schwach, dass sie die Speise wieder erbrechen musste. Ganz langsam erholte sich das Mädchen von den schrecklichen Erlebnissen. Die Erinnerung an diese Entführung kam nie ganz zurück und Maria wurde nie mehr so fröhlich, wie sie es einmal war.
Jahre später begleite sie ihren Vater auf einen Gang nach St. Gallen. Auf einem Hang in den Schweizer Bergen kamen sie zu einer alten Hütte. Dort wurde ganz in der Nähe von ein paar Männern ein neues Häuschen gebaut. Als der Vater mit seiner Tochter an der alten Hütte vorbeiging, sprang plötzlich eine Frau heraus, packte Maria am Arm und zog sie schnell in ihre Behausung.
„Du bist schon einmal mein gewesen. Jetzt gebe ich dich

nicht mehr her!" rief sie dabei laut. Der Vater war so überrascht, dass er nichts mehr tun konnte. Die Arbeiter an dem anderen Haus verrieten dem Vater, dass die Frau eine Hexe sei. Sie liefen zu der Hütte und befahlen der Hexe, das Mädchen freizugeben.
„Wenn du sie nicht freilässt, zünden wir dir dein Dach an. Unter uns ist ein Zauberer, der bannt dich. Dann kannst du nicht heraus und musst mitsamt deiner Hütte verbrennen!"
Sie bauten sich drohend vor der Hütte auf. Aus Angst, dass sie vielleicht doch die Wahrheit sprachen, gab die böse Frau das Mädchen frei.
In den Augen von Maria war wieder der gleiche Schrecken zu sehen wie vor ein paar Jahren. Der Vater musste mit ihr nach Hause, wo sie viele Woche krank war und sich nur langsam erholte. Später wurde sie nie mehr entführt und konnte ein ruhiges und bescheidenes Leben führen.

Anmerkungen:
Zwischen Rankweil und Göfis befindet sich das Landeskrankenhaus Rankweil – Valduna genannt. Direkt hinter dem Gebäudekomplex zieht sich ein Weg hinauf zum sogenannten Valduna- und Russenfriedhof. Ein sehr schöner Platz, umgeben von Wiesen und Wäldern. Von hier kann man weiterwandern, zum Beispiel über Tufers nach Göfis.
Von der Ruine Schwarzenstein in Satteins steht nur ein hoher Mauerrest, der in mehrjähriger mühsamer Arbeit restauriert und im Jahr 2013 für die Öffentlichkeit freigegeben wurde.
Die Fronfastentage (auch Quatember genannt) gab es früher viermal im Jahr. Und zwar immer der Mittwoch, Freitag und Samstag der ersten Fastenwoche, der Pfingstwoche, der dritten Woche des September und der dritten Adventwoche. Heute sind es zum Teil die Buß- und Bettage.

Tirol

(Imst, Stadt Innsbruck, Hall in Tirol, Kufstein)

In Österreich und auf der ganzen Welt gibt es viele Arten von Geistern und Gespenstern, die meist wegen schlimmer Taten in ihrem früheren Leben umgehen müssen. In allerlei Gestalten können sie erscheinen. So zum Beispiel auch die Feuergeister, die in vielen Teilen Österreichs verbreitet sind. In Tirol werden diese brennenden Gestalten auch Feuerputz genannt. Meistens waren dies Menschen, die in ihrem wirklichen Leben anderen Leuten Schlimmes angetan oder sie gar getötet hatten. Geisterhaft mussten sie als Flammengestalten auftreten, egal ob in ihrer natürlichen Körpergröße, als Flammenzwerg oder gar als Feuerkugel. Viele von ihnen mussten Gutes tun, bis sie erlöst wurden.
Von einigen Geistern in Tirol soll auf den nächsten Seiten erzählt werden:

Putze in der Salvesenklamm bei Imst

Vor langer Zeit, als man in Tirol einen Geist als Putz bezeichnete und man nur zu Fuß auf die Almen kam, führte ein Fußweg nördlich von Imst durch die Salvesenklamm hinauf zur Maldonalpe und weiter hinüber ins Lechtal. In dieses Salvesental wurden früher die Geister verbannt, die in der Umgebung ihr Unwesen trieben und die niemand erlösen konnte.

So gab es in einem Bauernhaus einen Putz, der ständig die Hausleute ärgerte. Nichts blieb dort, wo es hingehörte. Alles, was er bewegen konnte, verstellte er, wie zum Beispiel den vollen Nachttopf, der plötzlich vor dem Bett stand und in den der Bauer beim Aufstehen in der Früh seinen Fuß stellte.

Auch in der Nacht gab er keine Ruhe. Türen knallten, das dumpfe Dröhnen von schweren Schritten hörte man durchs ganze Haus. Jammern konnte der Putz, dass er einem fast leid tat.

Die Bewohner des Hofes holten einen Pfarrer zu Hilfe, der die Kunst der weißen Magie beherrschte. Diese Magie dient den Menschen zum Schutz vor Bösem und zur Heilung von schlimmen Krankheiten. In einer Nacht wartete der Priester auf das Erscheinen des Geistes. Wie er es bewerkstelligte, weiß niemand:

Er verwandelte den Geist in ein Schwein und in dieser Erscheinung konnte er es in selbiger Nacht in die Salvesen-

klamm führen. Dort wurde der Geist durch einen Zauber verbannt, das heißt, dass er bis zu seiner Erlösung nicht mehr aus der Klamm herauskonnte. Viele andere Geister und ruhelose Seelen wurden in die schöne Felsenschlucht geschickt und durch einen Bann dort festgehalten.
Bald wusste jeder aus der Bevölkerung, dass man sich bekreuzigen musste, wenn man durch die Klamm wollte.
Einmal ging ein katholischer Geistlicher namens Halbeis mit einem *Senner*, „Zenz" genannt, durch die Salvesen. Während der Wanderung schlug der katholische Priester immer wieder das Kreuzzeichen in die Luft und versprengte ein paar Tropfen geweihtes Wasser aus einem mitgebrachten Fläschchen links und rechts des Weges.
Der Begleiter wunderte sich sehr. Erst als sie bergauf die Klamm verlassen hatten, fragte der Zenz:
„Wieso hast du dein Weihwasser vergeudet und herumgefuchtelt, als wärst du in der Kirche?"
Da antwortete der Priester:
„Sei froh darüber! Du konntest sie nicht sehen. Die vielen armen Seelen und verbannten Geister, die in verschiedensten Erscheinungen am Wege knieten und um Erlösung baten. Ich konnte nur ihr Leid ein bisschen mildern. Aber für eine Erlösung braucht jede Seele einen ganz bestimmten Menschen", und er schritt voran, als wäre alles in Ordnung.
Der *Senner* wurde ganz bleich vor Scheck und blickte angstvoll auf den Weg zurück. Seither getraute er sich nur mehr laut betend durch die Klamm zu gehen, wenn sich der Weg nicht vermeiden ließ.

Der Maldongeist

Immer wieder waren die Menschen durch die Salvesenklamm unterwegs. So auch ein paar Bauern, die zur Maldonalpe wollten, um dort die Almerträge festzustellen. Auf dem Weg dorthin überholte sie von hinten ein alter, bärtiger Mann. Die Männer wunderten sich, dass dieser noch so schnell gehen konnte und riefen ihm nach:
„He! Alter Mann! Wohin gehst du so eilig? Du kannst mit uns gehen, wenn du willst."
„Ich geh auf die Maldon!", rief er zurück und schon war er weg. Die Männer wussten noch nicht, dass der Alte ein Almputz war. Ein ruheloser Geist, der auf den Almen lebte. Als sie die Schlucht hinter sich gelassen hatten und weit über die Wiesen blickten, ohne jemanden zu sehen, fragten sie sich:
„Der Alte kann nie so schnell gewesen sein. Wir müssten ihn ja sehen. Vielleicht ist er ein Salvösengeist, der nicht richtig gebannt wurde. Oder er ist gar ein Almputz."
Und sie erzählten sich auf dem weiteren Weg unheimliche Geschichten, die sie noch von ihren Eltern und Großeltern kannten. Bis sie zu einem Zaun in der Nähe der Maldonalpe kamen. Der Zaun hatte verschiebbare Latten und Stangen, um die Kühe und Schafe von der Weide durchzulassen. So ein Brett wurde Löd- oder Lädlatte genannt.
„Wir müssen in die Lädlatte beißen", fiel dem älteren Bauern ein.

„Dann sind wir vor dem Almputz geschützt und er kann uns nichts antun. Sicher ist sicher." Da erinnerten sich die anderen Männer auch an den alten Brauch und sie bissen alle in das Holz.

Für einen Fremden wäre das lustig anzusehen gewesen. Erwachsene Männer, die in einen Holzzaun bissen, wären sicher nicht von allen ernst genommen worden.

Bei der Maldonalpe angekommen, sahen sie im Fenster den alten Mann. Dass er nicht der *Senn*, der Almhirte war, wussten sie, da sie diesen kannten. Sie riefen seinen Namen und rüttelten an der verschlossenen Hüttentür. Doch es half alles nichts. Schließlich nahm einer aus seiner Jackentasche einen geweihten Rosenkranz, ohne den er nie durch die Salvesen ging. Da fing es in der Hütte plötzlich zu rumoren an. Durch das Fenster konnten die Männer sehen, wie alles, was nicht niet- und nagelfest war, durcheinander flog. Die Wände ächzten und bebten, als ob die Hütte bald auseinanderfallen würde. Da zogen noch zwei weitere Bauern ihren Rosenkranz heraus und einer warf ihn zum Fenster, als er den Almputz hinter der Glasscheibe erkannte. Augenblicklich war alles ruhig, als wäre nie etwas geschehen. Nun kam der *Senner* mit seinen Ziegen vom Berg herunter. Die Männer warnten ihn und machten ihn darauf aufmerksam, dass in seiner Hütte ein Almputz sei. Der Hirte sperrte die Tür auf und ging hinein. Es sah alles so aus wie vorher. Nichts deutete auf das Geschehene und auf den Geist hin.

„Ich glaube, ihr habt am Weg hier herauf zu viel aus der Schnapsflasche gekostet. Da kann man schon mal einen Geist sehen, den es nicht gibt", lachte der *Senner* und lud die Gesellschaft auf ein weiteres Stamperl ein.

Die Männer bissen aber zur Sicherheit auch in Zukunft in die Lädlatte, wenn sie zur Maldonalpe aufstiegen.

Anmerkungen:
Die Maldonalpe ist heute noch eine bewirtschaftete Alm, die der Stadt Imst gehört. Sie wird „Melkalpe" genannt, da dort Kühe gehalten und Milch und Käse produziert werden. Sie liegt wunderbar am Weg zum Hahntennjoch und lädt jeden Wanderer zwischen Lechtal und Imst zu einer Stärkung ein. Über der Salvesenklamm (früher „Salvösen") bei Tarrenz wurde eine neue eiserne Brücke für Wanderer errichtet, von der man einen tollen Blick über und in die Klamm hat ohne dass man Gefahr läuft, einem Geist zu begegnen. Ein Besuch rentiert sich auf jeden Fall!

Unheimliche Schatzsuche in der Schneeburg in Innsbruck

Wenn ihr in Innsbruck von der Innbrücke hinauf nach Hötting kommt, geht links eine Straße weg, die Schneeburggasse genannt wird. Wahrscheinlich glaubt jetzt jeder, dass hier eine Burg gestanden sei und da es in Tirol viel Schnee gibt, hieß sie Schneeburg. Ist aber nicht so. Tatsächlich steht heute noch in dieser Straße ein großes Gebäude, früher *Ansitz* genannt, von dem der Name stammt. Da es einst im Besitz eines *Freiherrn* zu Schneeburg war, wurde das Anwesen von der Bevölkerung der Einfachheit halber Schneeburg genannt. Und so heißt es heute noch. Vor langer Zeit ging um Mitternacht ein Geist in Gestalt eines Ritters dort herum. Mit einem großen Schwert und einem Helm auf dem Kopf wandelte der Geist von einem Kellergewölbe gleich neben dem Eingangstor durch den Gang in den Hof hinaus zu einer Grube. Seine schweren, bebenden Schritte waren im ganzen Gebäude zu spüren. Manchmal hatte ihn auch jemand am Fenster des Gewölbes sitzen gesehen. Angeblich zeigte der Ritter mit dem Schwert in den Raum hinein. Niemand getraute sich, dem Geist in die Quere zu kommen oder gar ihn anzusprechen. Hinter vorgehaltener Hand wurde von den damaligen Innsbruckern erzählt, dass der Ritter ein Schatzhüter sei. In dem Gewölbe sei ein unermesslicher Schatz vergraben, den der Geist in seinem früheren Leben wahrscheinlich guten und braven Menschen weggenommen habe. Deshalb müsse er nun diesen Schatz bewachen. Sollte jemand den Schatz heben und ihn unter der armen Bevölkerung verteilen, so könne er den Geist erlösen.

Diese und viele ähnliche Geschichten wurden oft erzählt. Ein paar junge Männer aus der Umgebung hörten von dem Schatz und kamen auf eine Idee. Sie kannten den Aufseher der Schneeburg gut und so wurde er überredet, mit ihnen gemeinsame Sache zu machen. Im Herbst, zur Zeit der *Weinlese*, waren die Herren des Hauses einige Tage im heutigen Südtirol. In der Nacht ließ der Aufseher die Burschen durch das schwere Holztor in den Gewölbegang mit den steinernen Platten am Boden herein. Bevor sie an die Arbeit gingen, sprach er zu ihnen:

„Ich möchte euch erinnern, dass ihr bei der Schatzsuche nicht laut sprechen dürft. Kein einziges Wort. Sonst kommt ein Zauber über uns und der Schatz ist auf ewige Zeiten verloren. Mein Vater kannte einen erfolglosen Schatzsucher, der in einer Nacht weiße Haare bekam und sein Leben lang nicht mehr richtig sprechen konnte. So, jetzt kommt!"
Gleich rechts ging es durch eine alte Eisentür, für die der Aufseher ebenfalls einen Schlüssel besaß. Die Männer hatten allerlei Grabwerkzeuge mitgebracht. Einer von ihnen verstand die Kunst des Wünschelrutengehens. Er konnte mit Hilfe einer gebogenen Rute Metall im Erdreich ausmachen. Bis er den Platz zum Graben gefunden hatte, dauerte es länger, als sie gehofft hatten. Zuerst musste eine schwere Steinplatte angehoben werden. Das Erdreich darunter war sehr feucht, was ihnen das Graben erschwerte. Es war fast schon Mitternacht und die jungen Männer arbeiteten und schufteten hart. Durch eine kleine Öffnung zur Straße hinaus, mit Gitterstäben versperrt, drang das schwache Licht des leuchtenden Mondes herein. Es half, neben dem Kerzenlicht, ein wenig besser die Grube zu sehen. Da stieß eine Schaufel auf etwas Metallenes. Schon wollte der eine laut aufschreien, doch da kam ihm die Warnung des Aufsehers in den Sinn und er schlug sich die Hand vor den Mund. Freudig und mit großer Erwartung schaufelten die Männer schneller. Bald darauf war schemenhaft eine Art Kiste zu sehen. Plötzlich wurde es dunkler und im Fenster erschienen die Umrisse eines Kopfes. Erschrocken hielten alle die Luft an, als ob sie versteinert wären. Der Aufseher hob eine Kerze in die Höhe, um das Gesicht zu beleuchten. Erleichtert entdeckten nun die jungen Höttinger, dass eine alte, ihnen allen bekann-

te Frau hereinsah. Sie sprach: „Und, was ist? Habt ihr den Schatz schon gefunden?" Einer der Männer antwortete: „Ja, gleich haben wir ihn gehoben!" Das ging so schnell, dass die anderen Männer ihn nicht mehr einbremsen konnten. In dem Augenblick, als das Gesagte verklungen war, bemerkte der Mann seinen Fehler. Er hatte die warnenden Worte des Aufsehers vergessen. Doch es war zu spät. Im gleichen Moment wie der Kopf an der Öffnung verschwunden war, fuhr die Schatzkiste in das Erdreich hinab, als ob darunter ein Schlammloch wäre. Die jungen Männer konnten tun, was sie wollten, sie schimpften und fluchten, doch es gelang ihnen nicht mehr, nach der Kiste zu graben. Jeder Mensch bekommt nur einmal in seinem Leben die Möglichkeit, einen Schatz zu heben. Das wussten die Männer.

Am nächsten Tag trafen sie sich wieder an der Kreuzung zur Bachgasse und gingen hinauf bei der Glockengießerei vorbei zum Haus der Frau, die ihnen die Schatzsuche vereitelt hatte. Diese wurde von den jungen Männern zur Rede gestellt. Die alte Frau war sehr fromm und gottgläubig und versicherte ihnen, dass sie in der Nacht in ihrem Bett lag und dass es daher nicht sie gewesen sein konnte, die sie bei der Schatzsuche beobachtet hatte. Da wurde den Männern klar, dass sie der unheimliche Ritter getäuscht hatte. Der Geist erschien ihnen in der bekannten Frauengestalt und lockte ihnen die verhängnisvollen Worte heraus. Seither hörte man nie mehr von einer Schatzsuche in der Innsbrucker Schneeburg.

Der Geist soll noch lange Zeit herumgegangen sein. Ob er es heute noch tut, können nur jene sagen, die in diesem *Ansitz* wohnen. Aber in so einem alten Gebäude ächzt und knarrt immer irgendetwas. Und wenn eine Tür laut zufällt, so kann es der Wind oder auch ein Geist gewesen sein.

Anmerkungen:
Früher wurde der Ansitz Schloss Lichtenturm genannt und erst später wurde der Name Schneeburg daraus. An der Fassade, die zur Schneeburggasse zeigt, sieht man noch deutlich am Eingang den alten, gemauerten Teil des Ansitzes. Eine Naturdenkmaltafel erklärt die Veränderung der Namen. In der Gasse oberhalb des Ansitzes steht das Glockengießerhaus, welches man gleich an den aufgemalten Glocken an der Fassade erkennen kann.

Der Feuergeist in Hall in Tirol

In Hall in Tirol lebte einst am oberen Stadtplatz ein reicher und gieriger Mann. Jedes Mal, wenn er über den Markt zum Stubenhaus ging, in dem sich damals eine Trinkstube befand, wurde er von Armen und Bettlern um Geld gebeten. Viele wohlhabende Bürger gaben den Notleidenden öfter etwas ab. *Almosen* sagte man früher zu dieser Spende. Davon erhofften sich die Wohlhabenden vor Gott und im Himmel eine Belohnung im nächsten Leben. Doch manche Menschen wollten davon nichts wissen. Darunter war auch der reiche Haller, der einmal einen Bettler die Stiege hinunterstieß. Der arme Mann stürzte so unglücklich, dass er sich

das Genick brach und tot liegenblieb. Den Reichen kümmerte das wenig und er ließ den Toten wegbringen. Mehrere Jahre lebte er in Saus und Braus. Die Bettler und Armen ließen ihn in Ruhe, denn der Vorfall hatte sich bald unter ihnen herumgesprochen. An seinem Haus war heimlich ein kleines Zeichen angebracht worden, das alle zukünftigen Bettler vor dem schlimmen Menschen warnen sollte. Doch eines Morgens wachte der gewissenlose Mann nicht mehr auf. Seine Lebensuhr war in dieser Welt abgelaufen. Sein toter Körper wurde beerdigt, doch seine Seele fand noch keinen Frieden und er musste nun als Geist umgehen. Wenn am oberen Stadtplatz Markttag war, kamen aus den umliegenden Ortschaften die Frauen der Bauern in aller Frühe mit ihren Waren. Marktweiber wurden sie damals genannt. Meist war es noch dunkel, wenn sie mit ihren Körben oder Karren voll Obst und Gemüse durch die Gassen von Hall herbeiströmten. Kam an dem Haus, in dem damals der reiche Mann starb, eine Marktfrau vorbei, so konnte es geschehen, dass plötzlich ein feuriger Geist auftauchte, der den Frauen mit einer hellen Laterne den Weg zu ihren Marktständen ausleuchtete. Er sprach mit niemandem und hatte er seine Aufgabe erfüllt, so ging er wieder zum Haus zurück. Die Frauen fanden es nett von ihm, hatten aber Angst ihn anzusprechen. Bei Tag war er nicht mehr zu sehen. Eines frühen Morgens leuchtete er einer jungen Marktfrau den Weg vom alten Durchgang beim jetzigen Rathaushof bis zum Marienbrunnen aus. Die Frau fürchtete sich nicht vor dem Feuerputz und sprach ihn an, bevor er verschwinden konnte: „Danke, *vergelt's Gott* tausendmal für das Ausleuchten!" Da blieb der Geist plötzlich stehen und drehte sich zu ihr um.

Die junge Frau vernahm eine leise Stimme: „Ich danke dir, junge Frau. Fast zwei Jahre ging ich als Geist um und meine Seele musste brennen. Durch deinen Dank in Gottes Namen hast du mich erlöst." Dabei wurde die Geistergestalt immer heller, bis sie fast durchsichtig war. Als ob jemand eine Kerzenflamme ausblasen würde, war es augenblicklich dunkel und der Feuerputz verschwunden. Seit diesem Moment gibt es keinen leuchtenden Putz mehr an den Markttagen in Hall.

Anmerkungen:
Der obere Stadtplatz in Hall in Tirol zeigt heute noch prächtige Fassaden und schöne, enge Seitengassen. Diverse Tafeln weisen auf die historischen Häuser und Begebenheiten hin. Wo der Feuerputz gewohnt hat, weiß niemand, aber jeder kann den Weg vom alten Durchgang beim Rathaushof bis hin zum Stubenhaus nachverfolgen.

Der streitlustige Feuerputz am Thierberg bei Kufstein

Vor langer Zeit ging einmal ein Bursch in der Nacht von Kufstein über die Innbrücke zum Schloss Thierberg hinauf. Er wollte dort bei einem hübschen Mädchen fensterln. Das bedeutet, ein junger Mann wollte in der Nacht eine Frau überraschen, indem er an ihr Fenster klopfte. War das Fenster weiter oben, so nahm er einen kleinen Stein und warf ihn an die Fensterscheibe. Wenn die junge

Frau aufwachte und rausschaute, konnte sie den jungen Mann entdecken und mit ihm plaudern und ihn vielleicht sogar heimlich in ihr Zimmer lassen. Mochte sie ihn nicht, so konnte es geschehen, dass sie das Fenster wieder schloss oder ihm gar den vollen Nachttopf über den Kopf schüttete. Nach dem ersten Anstieg durch den Wald kam der junge Mann zu einer Wiese. Dort musste er über das „Stiegele" steigen. Das war eine kleine Rampe aus Holzbrettern, die das überqueren des Weidenzaunes ermöglichte. Er kannte die Stelle schon gut, da er auch bei Tage öfters hierher kam. Er wollte gerade auf die Bretter steigen, da sah er plötzlich eine Feuerkugel von oben auf ihn zurollen. Er wich zurück und wartete ab, was passieren würde. Der Nachtwanderer kannte keine Angst. Ein Feuerputz hielt vor ihm an. „Hier kommst du nicht durch!", rief dieser. Der Kufsteiner fing an mit ihm zu streiten: „Ich geh durch, wo ich will. Davon kann mich kein abgefackelter Putz abhalten." Er machte sich daran, über den Zaun zu steigen. „Ich verbrenne dir die Zehen, wenn du herüberkommst. Ich bin sicher, dass dir das ziemlich weh tun wird." Der Feuergeist stellte sich direkt hinter den Zaun, sodass der Bursche ihn berühren musste, wenn er hinüber wollte. Der junge Mann rief ihm zu: „Verschwinde, du alberne Funzel!" (was soviel wie eine schlecht leuchtende Laterne bedeutete). „Wenn du mich nicht weitergehen lässt, so gibts ein paar Schläge auf dein Maul. Dann brennt es anders als jetzt." Genau das wollte der Putz. „Gut, dann schlag her, wenn du den Mut dazu hast. Ich will dich trotzdem noch warnen, denn du wirst es im Nachhinein bereuen. Was geschehen ist, kann nicht mehr rückgängig gemacht werden." Dem Mann wurde es zu bunt und er stieg auf die

Holzrampe. Der Geist wich nicht zurück und rollte mit den Augen, um seinen Gegner noch wütender zu machen. Dieser ballte die Faust und schlug ohne Vorwarnung zu. Er spürte aber keinen Aufprall, dafür kribbelte seine ganze Hand und kurz darauf fing sie an zu brennen. Er hörte ein böses Lachen. Und je mehr sich das Feuer auf seinem Körper ausbreitete, umso blasser wurde der Feuerputz. Der Kufsteiner wusste nicht, dass man einen Feuergeist nicht berühren und schon gar nicht schlagen durfte, denn damit war der Feuerputz erlöst und gab sein Geisterwesen an seinen Gegner ab. So wurde der junge Mann zum neuen Feuerputz um das Thierberger Schloss. Niemand weiß genau, wie lange der Feuerputz umgehen musste. Wahrscheinlich verschwand er mit dem Zerfall des Schlosses, welches heute zum größten Teil eine Ruine ist.

Ein weiterer Geist ging etwas später am Thierberg um. Der „Bettlerputz". Er war von jungen Eltern und ihren Kindern gleichermaßen gefürchtet. Dieser Geist holte sich die Kinder, die am Abend lange im Freien spielen und nicht schlafen gehen wollten. Und auch jene, die meinten, sie müssten in der Nacht in den Wald gehen. Niemand wusste, warum der „Bettlerputz" so genannt wurde und keiner konnte Genaueres vom ihm erzählen, da niemand von einer Begegnung mit ihm zurückkam. Irgendwann war er dann verschwunden und holte keine Kinder mehr aus dem Wald. Nur mehr ganz wenige Menschen um Kufstein herum wissen noch von diesem Geist.

Anmerkungen:
Das „Stiegele" gibt es heute nicht mehr, doch es dürfte auf der Wiese hinter dem Gasthof „Neuhaus" gewesen sein, der

*direkt am Weg zur Einsiedelei und Wallfahrtskapelle Thierberg liegt. Gleich dahinter steht jetzt auch wieder ein Zaun.
Der kürzeste Weg zur Thierberg-Kapelle führt über das Gasthaus Neuhaus. Man fährt mit dem Auto bis zum Gasthaus. Von dort aus wandert man entlang der Kreuzwegstationen bis zur Ruine und zur Wallfahrtskapelle hinauf. Es sind vom Gasthof ungefähr 20 Minuten zu gehen. Nach dem Besuch zahlt sich hier eine Rast auf jeden Fall aus. Das umgebaute Jagdschloss liegt in einem wunderbaren Ambiente.*

Salzburg

(Saalbach, Altenmarkt-Zauchensee, Stadt Salzburg)

Gruseliges wird aus dem Bundesland Salzburg berichtet. Oft werden aus Übermut die Toten geweckt oder Heilige verspottet, was in der katholischen Kirche als Freveltat bezeichnet wird. Das lassen sich die Toten und Geister natürlich nicht gefallen. So gibt es viele schlimme aber auch lustige Ereignisse auf Friedhöfen. Viele Sagen spielen im Winter, wie die nächsten beiden Geschichten. Die Not bringt Menschen dazu, Unüberlegtes zu tun, was manchmal grausam endet. Und wirklich spannend wird es, wenn man sich vor Ort auf Spurensuche macht und tatsächlich Spuren aus vergangener Zeit findet. So wie ich es auf dem Saalbacher Friedhof, in Altenmarkt oder auch in der Stadt Salzburg gemacht habe.

Die Schlittenfahrt am Saalbacher Friedhof

Es war Winter vor über 300 Jahren und die Weihnachtstage standen bevor. Im damaligen „Salpach" gab es unterhalb der Kirche bereits eine Taverne. Das war eine Art Gasthaus, in dem Wein und Bier ausgeschenkt werden durfte. In dieser Ausschank saßen die jungen Männer von „Salpach". Sie tranken und erzählten sich Geschichten. Einer von ihnen erinnerte sich an eine alte *Weissagung*.
„Wenn man in einer *Raunacht* einen Hornschlitten rund um die Kirche ziehen kann, so hat man sein ganzes Leben ausgesorgt. Es gibt keine Geldnot mehr und es geht einem gut."
„Ja, da ist ja nichts dabei", meinte einer, hier Heinrich genannt, denn niemand weiß mehr, wie der Mann wirklich geheißen hat.
„Zwischen Mitternacht und dem Ein-Uhr-Schlage des Kirchturmes musst du es schaffen. Vor dem Glockenschlag muss man wieder draußen sein."
„Das hört sich ja wirklich einfach an. Ist das nicht ein blöder Scherz? Und was ist, wenn man es nicht schafft?", fragte Heinrich nach.
„Glaubt es oder glaubt es nicht. Ich habe es von meinen Großeltern gehört. Und was nach ein Uhr passiert, das weiß ich nicht. Wahrscheinlich nichts Gutes!", erwiderte der Erzähler.
Heinrich beschloss, es auszuprobieren, denn was gab es ein-

facheres als einen leeren Schlitten durch den zugeschneiten Friedhof zu ziehen.
Die kommende Nacht war bereits eine *Raunacht*. Fast jeder im Dorf hatte einen Hornschlitten zum Holz- und Heutransportieren. Man stand vorne zwischen den weit aufgebogenen Kufen und so konnte man den Schlitten mit den Händen lenken. Bremsen musste man mit den Füßen und dem eigenen Körpergewicht.
Heinrich kam von Norden herab. Er winkte und lachte seinen Freunden zu, die am Turmhaus neben dem Friedhof standen und auf ihn warteten. Zu Hause hatte er zum Aufwärmen schon ein paar Stamperl Schnaps getrunken. Es war eine kalte Nacht, in der heller Mondschein auf die Ortschaft niederging.
Bis die Kirchenglocke Mitternacht schlug, wurde nochmals eine Flasche Schnaps herumgereicht. Dann wurde Heinrich mitsamt dem Schlitten von den Männern am Turmhaus vorbei in den Friedhof hineingeschoben.
„Rechts beim Haupteingang geht's los. Viel Glück! Wir warten hier!", riefen ihm die Freunde zu.
Inzwischen richtig beschwipst ließ sich Heinrich mit seinem Schlitten beim Kircheneingang vorbei hinunter rutschen, da die Kirche auf einem Abhang steht. Dabei versperrte ihm ein Grabkreuz die Weiterfahrt. Er fiel vom Schlitten mitten auf das Grab. Lachend und nicht mehr ganz bei sich rappelte er sich hoch und brachte den Schlitten in die richtige Richtung. Nun musste er ihn am Kirchenschiff entlang ziehen. Von der Holzarbeit hatte er starke Arme und Beine, so konnte das kein Problem sein. Doch irgendein Hindernis musste es geben, da sich der Schlitten nicht mehr so leicht ziehen ließ.

Er schaute zu Boden, konnte aber außer dem Schnee nichts entdecken. Kein Stein oder Holz lag dort, das den Schlitten behindern hätte können.
„Ja Kruzi…", er wollte schon weiterfluchen, als ihm klar wurde, dass er auf einem Friedhof war. Und plötzlich nahm er einen Schatten wahr, der auf ihn zukam. Etwas stimmte nicht damit. Die Gestalt ging an ihm vorbei und setzte sich auf seinen Schlitten. Während Heinrich weiter zog, drehte er den Kopf nach hinten und fiel vor Schreck in den Schnee. Auf seinem Schlitten saßen mehrere solcher Gestalten. Aus dem Grab neben ihm erhob sich ein weiterer Schatten und nahm auf dem Schlitten Platz. Auf einmal war der Betrunkene wieder nüchtern. Auf seinem großen Hornschlitten tummelten sich Geister. Am liebsten wäre er davongerannt, aber er wollte nicht ausprobieren, was geschah, wenn er den Schlitten nicht rund um die Kirche ziehen konnte. Er kam jetzt langsamer vorwärts, die Turmuhr hatte schon viertel nach zwölf geschlagen. Und während er sich abmühte, musste er hilflos zusehen, wie immer mehr Geister aus den Gräbern kamen, um sich auf seinen Schlitten zu setzen. Das Unheimliche daran war, dass alles lautlos vor sich ging. Keine Stimmen, kein Knirschen von Füßen im Schnee war zu hören. Allein seine eigenen Geräusche waren zu vernehmen.
Bis halb eins hatte er den Schlitten zum Ende des Kirchenschiffes gezogen. Durch die Last der Geister wurde er immer schwerer. Und aus jedem Grab, an dem er vorbeikam, stieg ein Toter heraus und setzte sich zu den anderen. Schlimm war der Anblick. Sie sahen alle so aus, wie sie gestorben waren. Manche waren alt und gebrechlich, andere wirkten dagegen fast jung und lebendig. Entsetzt erblickte er nun ei-

nen Nachbarn, der vor zwei Jahren vom Fels gefallen war. Er hatte sich den Schädel eingeschlagen. Und genau das war ihm anzusehen.

Heinrich musste eine kurze Pause machen und wischte sich den Schweiß von der Stirn. Einerseits war es der Schweiß vor Anstrengung und andererseits war es der Angstschweiß. Nun drehte er den Schlitten nach links und es ging etwas bergauf. Ein Seil, das an den Kufen befestigt war, erleichterte es ihm ein bisschen, das besetzte Gefährt hinaufzuziehen.

Die Freunde, die am Turmhaus warteten, hatten die Schnapsflasche ausgetrunken. Es hatte ewig gedauert, bis sie endlich ihren Freund erblickten. Aber Seltsames war da im Gange. Heinrich mühte sich mit seinem leeren Schlitten den kleinen Abhang herauf. Er stöhnte und jammerte und zog, als ob eine Fuhr Holz auf den Schlittenbrettern läge. Aber es war von hier aus nichts zu sehen. Die Uhr schlug viertel vor eins. Der weniger betrunkene Freund rief ihm zu, dass er sich beeilen müsse. Doch Heinrich schien nichts zu hören und nur er sah, dass sich weitere Geister zu der unheimlichen Schlittenfahrt gesellten. Nun bekamen es auch die Zuschauer mit der Angst zu tun. Sie merkten, dass es nicht mit rechten Dingen zuging und leise schlich einer nach dem anderen davon. Endlich hatte der junge Mann den Schlitten wieder auf die ebene Fläche gebracht. Er wusste, dass er nicht mehr viel Zeit hatte. Mit unbändiger Kraftanstrengung zog er die unheimliche Gesellschaft am oberen Kirchenschiff vorbei. Und erleichtert bemerkte er, dass der Schlitten von selber wieder Fahrt zum Haupteingang aufnahm. In diesem Moment hörte er, dass sich das große Uhrwerk mit seinen typischen Geräuschen zum Ein-Uhr-Schlag vorbereitete. Er spürte plötzlich, wie Geisterhände nach ihm griffen und an seiner Jacke zupften. So schnell er konnte, schlüpfte er aus der Jacke und stieß sich mit letzter Kraft vom Schlitten ab. Er kugelte durch das Friedhofstor hinaus und die Stufen hinunter. Genau in dieser Sekunde führte die Kirchturmglocke den einzelnen Schlag aus.

Am nächsten Morgen fanden die Freunde Heinrich krank und verstört in seinem Bett. Über das Erlebte konnte er noch nicht reden. Er bat die Männer, seinen Schlitten und seine Jacke aus dem Friedhof zu holen, da er alles dort liegen gelassen hatte. Die Freunde staunten nicht schlecht, als sie den Friedhof betraten. Nirgends war ein Schlitten oder eine Jacke zu finden. Es schien, als habe es alles in abertausende Stücke zerrissen. Und auf jedem Grab war eines davon zu finden. Auf alle Gräber waren Holzteile und manchmal auch Stoffreste verteilt.

Wie hätte es wohl ausgesehen, wenn Heinrich den Sprung aus dem Friedhof nicht mehr vor ein Uhr geschafft hätte? Wir wollen uns das lieber nicht vorstellen.

Anmerkungen:

An dem Platz, an dem die Taverne im Jahre 1431 errichtet wurde, steht jetzt das Hotel Gasthaus Post. Es ist eines der ältesten Gasthäuser in „Salpach". Die Schreibweise „Salpach" wurde später auf „Saalbach" umgeändert.

Die Kirche steht schon seit dem Beginn des 15. Jahrhundert an diesem Platze und wurde einmal neu errichtet und öfters umgebaut.

Die Stiefel und das Wasserkalb

In uralten Zeiten waren viele Handwerker im ganzen Lande unterwegs, um in den Dörfern und Städten ihre Arbeit und ihr Können anzubieten. Dies wurde Störgehen genannt. Ein Mann, hier Hans genannt, war auf dem Weg zur Stör im salzburgerischen Pongau. Es war ein kalter Winterabend. Aus ihm unerklärbaren Gründen hatte er seit ein paar Tagen starke Bauchschmerzen, die nicht besser wurden. Er wollte nach Altenmarkt und kam durch Radstadt, wo er einen Bader aufsuchte. Bevor es Ärzte gab, war der Bader in vielen Ortschaften für Hygiene und Gesundheit zuständig. Das heißt, er schnitt den Leuten die Haare, rasierte den Männern den Bart und zog den Menschen die faulen Zähne aus stinkenden Mündern, da sie sich damals die Zähne nur selten putzten. Weiters machte er einen Aderlass, übernahm das Spritzen und setzte Blutegel am Körper an. Auch das Besichtigen und Öffnen von Leichen und vieles mehr gehörte zu seinen Aufgaben.

Der Hans ging zu diesem Bader in Radstadt und erzählte von seinen Schmerzen. Da verlangte der Mann von ihm, dass er in ein Glas pinkeln sollte. Kaum geschehen, hielt der Bader das Gefäß mit der dunkelgelben Flüssigkeit gegen das Kerzenlicht, schwenkte es hin und her und nickte allwissend. Nachdem er den Urin aus dem Fenster geleert hatte, betastete er den dicken Bauch von Hans und erklärte ihm:

„Du hast ein Wasserkalb im Bauch. Hast es irgendwo aus einer Quelle oder einem Trog getrunken. Und jetzt wächst es in deinem Bauch. Musst halt öfters aufs Klo gehen, dann kann es sein, dass du es los wirst!"
Da der Bader wusste, dass die Handwerker meist Geld mithatten, verkaufte er ihm ein Geheimmittel mit dem Namen Theriak. Zusammengesetzt aus vielen getrockneten Kräutern und Pflanzen, Schlangenfleisch und anderen unbekannten Zutaten. Wirklich helfen konnte dieses Wundermittel nur dem Bader, da er damit Geld verdiente. Der Hans nahm gleich etwas davon ein, bezahlte und wanderte weiter, in der Hoffnung, dass dieses Kalb in ihm irgendwo rauskam. Er kannte sich mit gesundheitlichen Dingen gar nicht aus und vertraute darauf, was ihm andere Leute sagten.
Zielstrebig ging er auf Altenmarkt zu, um dort den Pfarrer um einen Schlafplatz zu bitten. Kurz vor dem Dorf kam er beim Hof des Gruberbauern vorbei. In der Nähe war früher ein *Richtplatz* und am Galgen baumelte ein Toter, der schon länger hing, da er von der Kälte mit einer dünnen Eisschicht überzogen war. Hans erkannte, dass der Hingerichtete gute Stiefel trug, die er brauchen könnte, da seine eigenen am Zerfallen waren. Deshalb hatte er seine Füße mit alten Stofffetzen umwickelt.
„Verzeih, dass ich dir was wegnehme, doch du brauchst die Stiefel eh nicht mehr. Dafür bete ich ein Vaterunser für dich in der Kirche!" und der Hans zog und zog, brachte die Stiefel aber nicht herunter. Der Tote war so durchgefroren, dass seine Füße und die Stiefel eins waren. Der Handwerksbursche wurde ungeduldig, nahm eine kleine Säge aus seinem Rucksack und sägte dem Toten oberhalb der Stiefel die Füße ab.

Ehrfürchtig blickte er zu dem Gehängten hinauf und sagte: „Gut, ich bete auch noch ein Ave Maria. Das muss genügen." Er stopfte die Stiefel mit den Füßen in seinen Rucksack und ging nach Altenmarkt hinein, wo er an die Tür des Dechantshofes, dem Pfarrhaus, klopfte. Da es kalt war, wurde er nicht in die Tenne nebenan geführt, sondern er durfte sich in der Stube auf die Ofenbank legen. Kaum alleine, öffnete er seinen Rucksack und stellte die Stiefel unter die Ofenbank direkt an eine warme Stelle. Er hoffte, dass die Stiefel samt den Füßen auftauen würden und er am nächsten Morgen mit neuen Schuhen weiterwandern könnte. Es dauerte nicht lange und er schlief tief und fest.

Im Kuhstall der Dechantshoftenne wurde zur gleichen Zeit ein Kalb geboren. Zum Schutz gegen die Kälte trug die Magd das Kälbchen in die Stube und legte es neben den schlafenden Handwerksburschen, der dies nicht bemerkte. Die Magd wollte das Tier am Morgen wieder in den Stall zurückbringen. Um Mitternacht erwachte Hans und setzte sich auf. Er war kurz irritiert und brauchte einige Sekunden, bis er wusste, wo er war. Dabei berührte er mit einer Hand das Kalb neben ihm, das ihm sofort mit feuchter Zunge die Hand abschleckte. Durch den hellen Mond sah er schemenhaft, was da neben ihm lag.

„Gütiger Gott. Das Wasserkalb. Es ist raus und jetzt will es wieder rein." Schneller war Hans noch nie von seiner Schlafstätte geflüchtet. Während er lief, schulterte er seinen Rucksack und hatte bald Altenmarkt hinter sich gelassen. Die Stiefel mit den aufgetauten Füßen unter der Ofenbank hatte er in seiner Angst völlig vergessen.

Am frühen Morgen wurde der Pfarrer durch einen gellenden

Schrei aus dem Bett gerissen. Im Nachthemd, mit einer übergeschlagenen Decke, lief er in die Stube, in der das Schreien noch immer zu hören war. Ein seltsames Bild ergab sich ihm. Die Magd kauerte auf dem Boden und schrie in einem fort. Auf der Ofenbank lag ein neugeborenes Kalb, das die Schreie nicht deuten konnte. Mit großen Augen sah es auf am Boden stehende Stiefel, aus denen eine übelriechende Flüssigkeit getreten war. Der Pfarrer verstand gar nichts. Er nahm die Magd an den Schultern, schüttelte sie und befahl ihr, sich zu beruhigen. Mit weinerlicher Stimme erklärte die Magd:

„Herr Pfarrer! Ich habe heute Nacht das Kälbchen zum Wärmen auf die Ofenbank neben den hier Schlafenden gelegt. Ich wollte es jetzt zurückbringen und da musste ich entdecken, dass das Tier den Mann gefressen hat. Sehen Sie – die Füße mit den Stiefeln hat es übrig gelassen. Wie furchtbar. Und ich bin schuld!"

Der Priester konnte die Magd beruhigen und es dauerte fast den ganzen Tag, bis geklärt war, wo die Stiefel mit dem furchtbar riechenden Inhalt herkamen.

Anmerkungen:

Der Dechantshof steht heute nicht mehr. An dieser Stelle neben den Kirchengebäuden ist heute der Kindergarten. Dahinter steht die schön restaurierte Dechantshoftenne, in der damals der Kuhstall war. Heute birgt diese Tenne eine Sammlung an alten Handwerks- und Landwirtschaftsgeräten und gehört zum Heimathaus. Und dieses Heimathaus verdient auf alle Fälle einen Besuch. In harter und unbezahlbarer Arbeit wurde dieses alte Haus zum Heimatmuseum umgestaltet. Viele Themen und regionale Besonderheiten werden dort gezeigt und erklärt. Und wer nicht weiß, was der Rettenbachbock ist, kann ihn sich dort ansehen und sich weitere Sagen von Frau Sobota und ihrem Team erzählen lassen.

Das Wirtshaus zum goldenen Kreuz

Vor über 300 Jahren lebte in Salzburg eine Frau, die am Platzl an der Salzach ein Haus besaß. Im Volksmund wurde es früher Zellereck genannt. Eines Tages fand eine Hausangestellte die Hausbesitzerin im Bette wie tot liegend vor. Die Frau des Hauses rührte sich nicht, reagierte auch auf keinen Reiz. Ein Mediziner wurde gerufen. Dieser drückte der Frau die Augen zu und erklärte sie für tot. Kurz darauf wurde der Leichnam zum nahen Friedhof St. Sebastian gebracht und in einer Familien*gruft* bestattet. Eine *Gruft* ist eine ummauerte Grabstätte. Sie kann eine Mauernische oder auch eine Art Kellerloch im Boden sein. Genauso gibt es Räume und extra Gebäude für die Särge, die meist dort eingemauert, hingestellt oder im Boden versenkt werden. Es gibt viele solche *Gruft*stätten am Friedhof St. Sebastian, in den man von der Linzer Gasse kommend gehen kann.

Dort wurde die Verstorbene in ihrem Sarg in einer *Gruft* abgestellt. Am nächsten Tag wollte der Totengräber nachsehen, ob der Leichnam der Frau nicht ein paar wertvolle Schmuckstücke an sich hatte, die er gut gebrauchen hätte können.

Schon öfters hatte er Verstorbenen goldene Ketten oder Ringe mit Edelsteinen abgenommen. Als er die *Gruft*platte anhob, erschrak er fast zu Tode. Der Deckel des Sarges war zur Seite geschoben und die Frau saß aufrecht darin. Ein Lichtstrahl erreichte den Sarg, die Totgeglaubte blickte auf und sah mit bleichem Antlitz dem entsetzten Totengräber ins Gesicht. Jetzt bemerkte er, dass hier kein Geist auferstanden war, sondern dass die Frau noch lebte. Sie wurde als Scheintote bestattet und nun war sie aufgewacht. Lautlos stieg sie aus dem Sarg und ging an dem Mann vorbei, der noch bleicher war als die Frau. Mit unsicheren Schritten kam sie die Linzer Gasse herab, direkt auf ihr Haus zu. Viele Leute flüchteten von der Straße in ihre Häuser, da sie meinten, eine Untote käme die Gasse herab. Groß war die Überraschung und Freude der Verwandten, als die Totgeglaubte plötzlich wieder unter ihnen war. Zur Erinnerung an ihre Auferstehung brachte die Familie der Frau ein goldenes Kreuz an der Hauswand an. Obwohl die Frau bald darauf wirklich starb, blieb das Kreuz viele Jahre an der Hauswand befestigt. Um das Jahr 1652 wurde das Gebäude „Wirtsbeshausung zum Goldenen Kreuz" urkundlich erwähnt. Viele Jahre war es ein Bräuhaus und eine Gaststätte. Heute befindet sich das Kreuz leider nicht mehr an der Hausfassade.

Anmerkungen:
Die erste urkundliche Erwähnung des Hauses stammt aus dem Jahre 1374. Es wurde als „Eckhaus in der niederen Reut" bezeichnet. Anfang des 19. Jahrhunderts wurde es zum größten Braugasthof von Salzburg und nach seinem neuen Besitzer umbenannt: „Gasthof zum Schlammbräu". Ab 1917

wurde das Gebäude mehrmals umgebaut und in ein Hotel umgewandelt, das das schönste Stiegenhaus Salzburgs besaß. Es wurde umbenannt in Münchnerhof und wird heute noch so bezeichnet. Da es als Adresse die Dreifaltigkeitsgasse 3 nebst dem Platzl hat, wird es in manchen Sagenbüchern fälschlicherweise als Platzl 3 bezeichnet, ein Haus schräg gegenüber, in dem der bekannte Arzt Paracelsus sein letztes Lebensjahr verbrachte. Über diesen Mann gibt es auch viele wundersame und geheimnisvolle Geschichten, die in anderen Sagenbüchern nachzulesen sind.

Der Sebastianfriedhof besteht heute noch und beherbergt viele alte Gräber und Grufte. Obwohl die Darstellungen der Grabplatten meist sehr makaber wirken, handelt es sich um einen wunderschönen, stellenweise etwas verwitterten Friedhof. Viele bekannte Menschen fanden hier ihre letzte Ruhestätte, vom eben erwähnten Paracelsus bis hin zu Constantia von Nissen, der Witwe von Wolfgang Amadeus Mozart, und ebenso sein Vater Leopold Mozart.

Oberösterreich

(Dachstein, Garsten, Linz, Mühlviertel)

Groß und vielfältig ist dieses Bundesland und unzählige Sagen, Mythen und Geschichten zeugen von einer bewegten Vergangenheit. Unheimliche Gestalten sind im Gebirge anzutreffen, von dem Beruf des Fährmannes ist zu lesen, über kopflose Mönche in der Hauptstadt Linz wird berichtet und über einen roten Hügel gibt es Trauriges zu erzählen. So wie die Pest in diesem Land wütete und unzähligen Menschen das Leben kostete, so vernichtete auch der Bauernkrieg in diesem Land ganze Familien und Dörfer. Bis heute haben sich diese Geschichten erhalten und in vielen Museen sind noch Gegenstände, Kleidung und Waffen aus diesen schlimmen Zeiten zu bestaunen.

Was ihr am Dachstein beachten solltet

Solltet ihr am Dachstein nicht nur die Eishöhlen besuchen, sondern auch wandern gehen, so gebt gut acht, was ihr seht und wer euch begegnet, denn nicht alles ist so, wie es scheint.

Entdeckt ihr zwischen dem Geröll ein Hufeisen, so rührt es nicht an! Es gehört nämlich dem Teufel. Dieser treibt sich oft in den Klüften und Wänden des Dachsteins herum. Bei heftigen Sturmböen jagte er Frauen umher, die Schlimmes getan hatten. Diesen Frauen hat der Höllenfürst Hufeisen an die Knie genagelt und manche davon sind abgefallen und verloren gegangen. Ab und zu findet jemand so ein Hufeisen an Orten, wo sich unmöglich ein Pferd aufhalten konnte. Was dem Teufel gehört, sollte man sich nicht aneignen, denn man weiß nie, ob er es sich nicht wieder holt und gleich den Finder mitnimmt.

Begegnet euch auf einer Wanderung ein hässliches altes Bettelweib, so kehrt rasch um und fahrt mit der Seilbahn auf schnellstem Weg ins Tal, denn es wird ein heftiger Sturm aufziehen oder ein schlimmes Unglück passieren. Dieses Bettelweib war einst eine schöne *Sennerin*, die hier am Dachstein eine Hütte bewirtschaftete. Sie ging mit Lebensmitteln wie Milch, Brot und Fleisch sehr verschwenderisch um. Kam aber ein armer oder hungriger Mensch zu ihr, gab sie ihm nichts und jagte ihn davon. Lange Zeit führte die Frau dieses

Leben, bis der Teufel sie eines Tages holte. Wahrscheinlich hat er auch ihr Hufeisen an den Knien befestigt. Zur Strafe muss die verschwenderische *Sennerin* als armer Bettelgeist umgehen und Schlimmes ankündigen, bis sie erlöst wird. Wie das vollbracht werden kann, weiß aber niemand. Also, wenn euch dieses Weib entgegenkommt, schnell ins Tal hinunter mit euch!!

Wenn ihr Holzprügel herumliegen seht, greift auch diese nicht an, bevor ihr nicht sicher wisst, ob es auch wirklich Holz ist. Denn der „Bergstutzen" sieht einem Holzprügel sehr ähnlich. Bergstutzen sind eidechsenähnliche Tiere, nicht ganz einen Meter lang, mit vier kleinen Füßen. Diese Tiere können sehr schnell vorwärts und rückwärts laufen. Wanderer, die direkt auf dieses Tier zukommen oder gar darauf treten, werden von den Bergstutzen getötet. Er fährt einem so schnell durchs Herz, dass man kaum begreift, was geschieht. Allein durch einen einzigen Biss kann man sterben. Macht man um sie einen großen Bogen, tun sie einem nichts. Nur wenn sie sich gestört oder gefährdet fühlen, greifen sie an. Da sie so schnell laufen können, entkommt man ihnen nur, wenn man „zwerch" läuft. Das heißt, im Zickzack laufen.
Zum Glück sind diese Tiere seit vielen Jahren nicht mehr gesehen worden. Doch wer weiß, ob sie sich nur gut versteckt halten?

Noch mehr Angst will ich euch nicht machen, denn eine Wanderung auf dem Dachstein ist wunderschön und empfehlenswert. Ihr müsst einfach nur wachsam sein, dann kann euch nichts passieren.

Der unheimliche Fahrgast

Der Fluss Enns entspringt in den Radstädter Tauern im Bundesland Salzburg, fließt ein Stück durch die Steiermark und dann durch Oberösterreich, wo er bei der Stadt Enns in die Donau mündet. Südlich von Steyr, in der Gemeinde Garsten, führt eine Brücke von Lahrndorf über die Enns nach Sand. Von dort gelangt man in das Dambachtal.

Vor einigen hundert Jahren konnte man den Fluss an dieser Stelle nur mit einem Schiff überqueren, bis später eine Holzbrücke errichtet wurde. Dazu gab es einen Mann, der mit seinem Boot gegen Bezahlung die Menschen über das Wasser brachte. Der *Fährmann,* auch Förg genannt, wohnte in einem Haus nahe der Brücke. Lange Zeit war es als Förgenhäusl bekannt. Der Förg hatte eine *Zille.* Diese Boote sind meist vorne und manche auch hinten spitz, haben einen flachen Boden und gerade Seitenwände, ideal für Transporte von Menschen und Tieren und Dingen jeglicher Art. Eines schönen Tages saß der Förg bei Sand am Ufer und kaute genüsslich auf einem frisch gepflückten *Sauerampfer* herum. Da an diesem Tag nicht viel los war, vertrieb er sich die Zeit mit Zielschießen von kleinen Kieselsteinen auf treibende Blätter im Wasser. Er war so eingenommen von seiner Beschäftigung, dass er erst nach mehrmaligen Rufen jemanden am anderen Ufer bemerkte. Ein Mann mit großem Hut

winkte und rief ihm zu, dass er übergesetzt werden wollte. Der Förg schob seine *Zille* ins Wasser und ruderte auf die Lahrndorfer Seite. Dort angekommen, wollte er dem Mann seine Hand reichen, um ihm in sein Boot zu helfen. Der lehnte die Hilfe jedoch ab, stieg schnell ins Boot und setzte sich. Der breitkrempige Hut verdeckte das Gesicht des Fremden und ein langer, schwarzer Mantel umgab die große, dünne Gestalt. Der Förg versuchte einen Witz zu machen, um dem Mann aufzumuntern und mit ihm ins Gespräch zu kommen. Doch während der ganzen Überfahrt sprach der Mann kein Wort. Dürre, knochige Finger hielten sich an der Bootswand fest. Obwohl es ein sonniger, warmer Tag war, fröstelte dem Förg. Je länger die Fahrt dauerte, desto kälter und unheimlicher wurde dem *Fährmann*. Das Boot ließ sich ungewöhnlich leicht zum anderen Ufer manövrieren. Dort endlich angekommen, stieg die dunkle Gestalt, wieder ohne Hilfe, aus der *Zille* und fragte:

„Was bin ich schuldig?"

Der eigenartige Mann flößte dem Förg Angst ein, deshalb antwortete er:

„Nichts. Weil so ein schöner Tag ist, verlange ich für deine Überfahrt nichts."

Und schnell stieß sich der *Fährmann* mit seinem Boot wieder vom Ufer in Sand ab. Gerade hörte er noch, wie der Fremde statt Dankesworte folgendes sagte:

„Du bist ein Glückskind. Hättest du etwas verlangt, so wäre dein Leben bald zu Ende gewesen."

Der Fremde ging den Weg ins Dambachtal hinein. Bald darauf starben dort alle Leute an einer schlimmen Seuche. Selbst in Sand war der Förg der einzige, der überlebte. So war sich der *Fährmann* sicher, dass er den Tod über die Enns gebracht hatte.

Weiters wird erzählt, dass der Tod mit einem schmutzigen Sack aus dem Dambachtal herauskam und sich vom Förg auf die andere Uferseite bringen ließ. Dort ging der Knochenmann von Haus zu Haus, öffnete den Sack und schüttete die *Pest* vor jede Tür. Die Bevölkerung von Lahrndorf bis Dürnbach wurde vom schwarzen Tod heimgesucht, wie die *Pest* noch genannt wird.

Anmerkungen:
Der historische Hintergrund für diese Geschichte liegt wohl an der Tatsache, dass im Jahre 1683 im Dambachtal Typhus ausbrach und die Hälfte der Bewohner hinraffte. Nach dem Bau der hölzernen Brücke wurde ein Fährmann nicht mehr gebraucht. Im August 1897 wurde diese Brücke bei einem Hochwasser weggerissen. Das Förgenhäusl wurde wahrscheinlich Jahre später, im August 1959, ebenfalls bei einem Hochwasser vernichtet. Heute gibt es an dieser Stelle eine befahrbare Brücke.

Schreckliche Ankündigung am "Trutzbauer" in Linz

Wenn man das Schloss Linz besucht, gibt es die Möglichkeit, es von oben, der Römerstraße aus, zu betreten. Hier geht man durch ein Tor, damals

Martinstor genannt, hinter dem sich früher der Burggraben befand. Dieses Tor wird heute „Trutzbauer" genannt. Im oberösterreichischen *Bauernkrieg* war diese Stelle heiß umkämpft, von der die Soldaten durch die Schießscharten auf die Bauern herunterschossen. Im Jahre 1626 fand eine neunwöchige Belagerung der Burg statt, in der die Bauern gegen die bayrische Herrschaft und für die Religionsfreiheit kämpften. Der Linzer Statthalter Adam Graf von Herberstorff gewann mit seinen Soldaten diesen Krieg und ließ viele aufständische Bauern, Priester und *Adelige* hinrichten. Auch viele unschuldige Menschen mussten in diesem Krieg ihr Leben lassen. Bei den Hinrichtungen wurden die zum Tode Verurteilten geköpft, gerädert, gepfählt oder in vier Teile zerrissen. Als Abschreckung wurden die Köpfe und andere Körperteile lange Zeit an wichtigen Plätzen aufgestellt.

Jahre vorher, angeblich war es im Jahre 1618, wurde ein Mönch mit seinem Kopf unter dem Arm immer wieder auf dem Trutzbauer gesehen. Er ließ sich nicht vertreiben und versetzte die Wächter auf der Schanze in Angst und Schrecken. Wahrscheinlich war er ein Vorbote, der die schlimmen und furchtbaren Dinge, die in den nächsten dreißig Jahren passieren sollten, ankündigte. Ab dem Jahre 1620 tauchten plötzlich an den verschiedensten Stellen des Linzer Schlosses kopflose Bauern auf. Ein seltsames Bild eröffnete sich einem armen Jungen, der von der Stadt herauf zur Martinskirche am Weg war. Kopflose Körper hielten ihm ihre Häupter entgegen. Diese schrien und schimpften laut herum. Der Junge konnte nicht wirklich verstehen, was die Köpfe sagen wollten. Plötzlich waren die Gestalten verschwunden, um später wieder an einem anderen Platz zu erscheinen. Selbst am Tage waren diese schrecklichen Geister zu sehen. Sie beschränkten sich nicht nur auf die Geisterstunden. Auch dies waren Zeichen aus der Geisterwelt, die auf den schrecklichen Krieg hinwiesen. Manche Menschen aus der Bevölkerung behaupteten nach den schrecklichen Geschehnissen im Jahre 1626, diese Geister gesehen zu haben. Vielleicht war das auch so, denn es dauerte nicht lange und es gab 1636 am Linzer Hauptplatz abermals eine grausame, öffentliche Hinrichtung von aufständischen Bauern.

Anmerkungen:
Der Trutzbauer sieht heute ganz anders aus. Damals war es eine Schanze mit vielen Schießscharten. Das Dach kam erst viel später dazu. Heute kann man sogar über eine Stiege hinaufsteigen. Im Burggraben, in dem viele Bauern den Tod fanden, befindet sich heute ein Kinderspielplatz und er ist begrünt. Hinter dem Trutzbauer kommt das Friedrichstor mit den berühmten fünf Buchstaben A.E.I.O.U. – aber das ist eine ganz andere Geschichte.

Der rote Hügel

Folgende Geschichte ereignete sich im Jahre 1533 im Mühlviertel in der damaligen Gemeinde Epping, die jetzt Öpping heißt. Damals stand an der Stelle der jetzigen Kirche eine hölzerne Kapelle. Einen eigenen Pfarrer gab es hier im Ort nicht. Deshalb ging jeden Sonntag ein

Ordenspriester vom Stift Schlägl zu Fuß über die Felder und Wälder in die kleine Ortschaft und nach der Messe wieder zurück. Zwischen den Dörfern Oberkrenau (heute Obergrünau) und Katzing führte der Weg über einen Hügel. Auf seinem Weg ins Kloster sah der Priester einmal auf den Feldern ein paar Bauern arbeiten, obwohl Sonntag war. Die katholische Kirche hatte den Sonntag zum Feiertag erklärt, an dem kein Christ arbeiten durfte. Es war der Tag des Herrn, an dem die Menschen in die Kirche gehen und beten sollten. Damals verbreitete sich durch den deutschen Mönch Martin Luther die evangelische Religion auch in Oberösterreich. Die Menschen, die sich zu dieser Religion bekannten, wurden Protestanten genannt und heftig von der katholischen Kirche bekämpft. Vor allem unter den Bauern des Landes war dies eine Möglichkeit, gegen die damaligen Obrigkeiten zu rebellieren.

Und so geschah es, dass ein Bauer aus Oberkrenau den Mönch des Weges kommen sah und ihm entgegen rief: „Verschwinde! Wir brauchen keinen Pfaffen mehr hier!" Doch der Geistliche aus Schlägl ging unbeirrt weiter und fing laut zu beten an. Das erzürnte den Bauern noch mehr und er lief zu dem Betenden hinüber und stellte sich ihm in den Weg. „Wenn du weitergehst, erschlag ich dich!" drohte er ihm. Der fromme Mann sprach weiter seine Gebete und ging an dem Bauern vorbei. Da hob dieser sein Feldwerkzeug und schlug von hinten auf den Mönch ein. Stumm fiel der Kirchenmann zu Boden und rührte sich nicht mehr. Andere Bauern hatten mit ihrer Arbeit aufgehört und von Weitem zugesehen. Der Oberkrenauer drehte sich zu ihnen und rief: „Wehe euch, wenn einer von euch dem Pfaffen hier hilft!" Dann ging er mit seiner Tatwaffe zurück in sein Dorf. Der Priester konnte sich nicht mehr bewegen. Niemand getraute sich zu helfen. So musste der Mann an Ort und Stelle verbluten. Das Blut strömte und strömte, als hätte der Pfarrer das Vielfache des Lebenssaftes in sich. Die Erde um ihn färbte sich in großem Umfeld rot und das Blut schien nur langsam zu versickern. Seither heißt diese Stelle „der rote Hügel" und Kinder, die Jahre später auf dem Hügel spielten, fanden roten Sand vor. Angeblich kann man diesen heute noch dort finden. Nach dem *Bauernkrieg* wurde an diesem Platz ein Holzkreuz errichtet.

Unbestimmte Zeit später ging eines Nachts ein Wirt von Aigen nach Öpping heim. Er hatte einiges getrunken und torkelte belustigt alleine durch den Wald. Plötzlich hörte er im Dickicht Geräusche, als ob im Wald eine große Gestalt neben ihm herginge. Er beschleunigte seinen Gang und die unheimlichen Schritte begleiteten ihn. Je schneller er ging, desto rascher wurde er wieder nüchtern. An einer Lichtung sprang plötzlich eine riesige Gestalt aus dem Wald und schwang eine fürchterliche Keule. Mit Gebrüll ging sie auf den Wirten los. Dieser lief, so schnell er konnte und sah zu seiner rechten Seite das große Holzkreuz. Da fing er laut zu beten an. Er bat die Mutter Gottes um Hilfe. Dabei stolperte er über eine Wurzel und fiel zu Boden. Weinend rief er laut aus:

„Heilige Mutter Gottes, rette mich! Dafür bau ich dir eine Kapelle. Bitte hilf mir!" Immer wieder rief er die Worte aus und erwartete einen fürchterlichen Schlag auf seinen Kopf, der sein Leben beenden würde. Dieser blieb zu seinem Glücke aus, da die furchtbare Gestalt verschwunden war. Mit verweintem Gesicht und nasser Hose kam er zu Hause an. Bald darauf erfüllte er sein Gelübde und errichtete an der Stelle des Holzkreuzes die „Kapelle am roten Hügel".

Anmerkungen:

Die Kapelle steht heute noch und wurde im Laufe der Jahre gepflegt und renoviert, sodass sie bis heute erhalten ist. Es ist eine gemauerte weiße Kapelle mit Marienbildern und steht ganz unscheinbar am Eingang des Waldes.

Niederösterreich

(Waldviertel, Schallaburg, Mödling)

Sage und Wahrheit liegen oft eng beieinander. Zur tatsächlichen historischen Begebenheit werden durch jahrelanges Weitererzählen oftmals Ereignisse und unheimliche Dinge dazugedichtet. So setzen sich viele Sagen aus vielen einzelnen tragischen Geschichten zusammen, die zum Teil wirklich stattfanden, wie zum Beispiel auf Schloss Greillenstein. Auch das Hundekind auf der Schallaburg hat mehrere historische Hintergründe und manches davon ist auf der Burg zu entdecken. Da Niederösterreich in früheren Zeiten die wichtigste Weinregion war und auch heute noch ist, gibt es natürlich auch darüber viele Erzählungen und Sagen. Eine besonders gruselige Sage ist in diesem Buch zu finden.

Gericht auf Schloss Greillenstein

Im niederösterreichischen Waldviertel steht heute ein wunderschönes Renaissanceschloss, welches Ende des 16. *Jahrhunderts* erbaut wurde. Vorher stand dort eine Burg. Dieses prächtige Schloss könnte eine Vielzahl von Geschichten erzählen. Eine davon ist den Schlossbesitzern und den Menschen der Ortschaft Röhrenbach als „Das Wunder am Felde" bekannt. Und selbst diese Sage birgt wieder mehrere Geschichten in sich.

Im *18. Jahrhundert* lebte und arbeitete Franz Leitner als Hofgärtner auf Schloss Greillenstein. Er war fleißig und beliebt. Die Hochzeit mit seiner Braut war nicht mehr fern. An einem schönen, warmen Tag wurde im Schlosspark das Wasser eines der Teiche abgelassen, die es damals noch gab. Als der Wasserspiegel immer niedriger wurde, erkannten die Arbeiter im Schlamm menschliche Umrisse. Es dauerte nicht lange und der Teich gab einen Leichnam frei. Grausam war es anzusehen. Das Wasser hatte dem weiblichen Körper zugesetzt und das Gesicht so verändert, dass nicht sofort zu erkennen war, wer dort lag. Ein großer, schwerer Stein war an einem Strick befestigt, der der Toten um den Hals gebunden war. Somit war klar, dass es sich um einen Mord handelte. Unglücklicherweise wurde herausgefunden, dass die Ermordete Annemarie hieß und die Verlobte von Franz

Leitner war, den diese Nachricht erschütterte. Im Schloss Greillenstein war damals auch der Sitz der *Grundherrschaft* und der *Gerichtsbarkeit*. Das heißt, hier wurden viele Fälle und Streitereien verhandelt, auch gerichtlich. Vom Steuereintreiben bis zu Diebstahl und Mord. Somit waren die Herren von Greillenstein für den Fall zuständig. Der Hofgärtner hatte nicht mal Zeit richtig zu trauern, da stürzten Wachen zu ihm und führten ihn ab.

„Der Schmid Michl hatte zuletzt die Annemarie lebend gesehen, in Begleitung ihres Geliebten Franz. Und der hat sie dann umgebracht", hieß es.

Und so lag der Verdacht nahe, dass der Gärtner seine Geliebte getötet habe. Er wurde wegen Mordes an seiner Braut verhaftet und ins Gefängnis geworfen. Das Verlies, das heute noch zu besichtigen ist, war direkt unter ihm. Fast 5 Meter im Boden. Es war den Wachen zu mühsam, den Gefangen jedes Mal zu den Verhören durch das Gitter heraufzuholen, deshalb wurde er in den hinteren Raum gesperrt und mit Eisenketten an die Mauer angekettet. Mehrmals wurde der Inhaftierte aus dem Gemäuer geholt und verhört. Immer wieder beteuerte er seine Unschuld. Niemand wollte ihm glauben und keiner hinterfragte den Grund seiner möglichen Tat. Da das einfache Verhör zu nichts mehr führte, wurde mit dem „peinlichen" Verhör begonnen. In anderen Worten: die Folter. Die Daumenschraube, ein hölzernes Gerät, in dem der Daumen durch das Zusammenziehen von zwei Holzplatten gequetscht wurde, zählte noch zu den harmloseren Geräten. Die Folter und die unerträglichen Schmerzen, die ihm zugefügt wurden, brachten Franz dazu, einen Mord zu gestehen, den er nicht begangen hatte. Er wusste, was es für ihn hieß. Im Gerichtssaal des Schlosses wurde der eigene Hofgärtner vor dem *Gerichtsschranken* zum Tode verurteilt. Da er geständig war und bisher ein unbescholtenes Leben führte, wurde ihm ein schneller Tod gewährt. Er sollte auf dem *Richtplatz* außerhalb der herrschaftlichen Parks und Anlagen geköpft werden. Solche Hinrichtungen waren damals fast wie Volksfeste. Von allen umliegenden Ortschaften kamen die Bewohner, um der Vollstreckung des Todesurteils beizuwohnen. Der Gefangene wurde in Fesseln auf einem *Fuhrwerk* vom Schloss zur Richtstätte gebracht. Viele Menschen begleiteten den Wagen und beschimpften oder bespuckten den armen Gärtner. Franz betete während des Weges zu Gott und bat um ein Zeichen oder Wunder, damit seine Unschuld bewiesen wäre. Aber nichts passierte, selbst der Himmel blieb klar und hell. Als der letzte Torbogen durchfahren war, ging die Fahrt über ein Feld bis zu einem hölzernen Aufbau, auf dem der Henker mit seinem Schwert wartete. Die Hinrichtungen wurden meist so ausgeführt, dass möglichst viele Menschen genau verfolgen konnten, was geschah. Man erhoffte sich nämlich, dass abschreckende Beispiele von Hinrichtungen die Menschen von Straftaten abhalten würden. Nicht selten misslang bei der Vollstreckung der erste Schlag und der Henker musste ein zweites Mal zuschlagen, zum Leidwesen des Verurteilten und zum Schrecken oder auch Spaß der Zuschauer. Diesmal fiel nach einem einzigen ordentlichen Schlag der Kopf des Hofgärtners in den bereitgestellten Korb.

Seine sterblichen Überreste wurden außerhalb der Schlossanlage irgendwo verscharrt. Hingerichtete und Selbstmörder durften damals nicht auf einem Friedhof bestattet werden.

Bald waren der Hofgärtner und seine Braut von vielen Menschen vergessen und erst im nächsten Jahr erinnerte sich ein Bauer an die Hinrichtung. Er bestellte das Feld, durch das der Karren mit dem Verurteilten fuhr. Er bemerkte, dass ein breiter Streifen des Getreides höher und schneller wuchs als der Rest im Feld. Einige Zeit später entdeckte er, dass genau auf diesem Streifen das Getreide taub war: das bedeutet, dass die Ähren kein Korn trugen. Erst jetzt machte er die Grafschaft darauf aufmerksam. Und es sollte in den nächsten Jahren auch so bleiben. Ungefähr dreißig Jahre später bekam dieses Phänomen mehr Bedeutung. Ein alter Schmied aus der Gegend gestand kurz vor seinem Tode auf dem Sterbebett, dass er die junge Frau getötet hatte.
Und seit dieser Fahrt mit dem zu Unrecht Hingerichteten ist der Weg des *Fuhrwerks* noch heute zu sehen. In der Breite eines Wagens wächst alles, was hier angepflanzt wird, schneller und höher und hat auch meist eine sattere Farbe. Für den Franz Leitner kam dieses Zeichen leider zu spät.

Anmerkungen:

Einen Gärtner mit dem Namen Franz Leitner gab es wirklich auf dem Schlosse. Er wurde öfters als Beisitzer im Gerichtssaal eingesetzt. Die uralten erhaltenen Gerichtsakten weisen auch auf einen Fall hin, bei dem ein Mord an einem achtjährigen Mädchen verhandelt wurde. Hier saß Franz Leitner im Gerichtsaal. Der Hofgärtner wurde eines Tages von einem Einbrecher erstochen. Auch dieser Mord wurde in diesem Gerichtssaal verhandelt. Die Zeit eines Lebens würde nicht ausreichen, um die Geschichten des Schlosses zu erforschen. Das Schloss Greillenstein beherbergt heute ein Museum. Ne-

ben vielen anderen Räumen kann man auch das Gerichtszimmer betreten. Dies ist der älteste erhaltene Gerichtssaal Österreichs. Der Gerichtsschranken, vor dem der Gärtner verurteilt wurde sowie das Gefängnis und das Verlies sind zu besichtigen. Wer nicht zu faul ist, kann hinter die Parkanlage wandern und dort tatsächlich noch den breiten Streifen im Feld bestaunen. Das Wunder im Feld. Der Rundgang Röhrenbach, ein Wanderweg, führt direkt daran vorbei. Auf der anderen Seite des Schlosses kommt man bei diesem Rundgang zu einem Stein, dem „Moar-Kreuz". Dies ist der originale Grabstein von Franz Leitner und seiner Frau. An der Rückseite kann man etwas von der eingemeißelten Schrift entziffern.

Zu bestimmten Zeiten im Jahr gibt es auf Schloss Greillenstein Kinderführungen mit Gerichtsverhandlung und Rätselspiel für Kinder von 6 bis 12 Jahren.
Für Kinder und Jugendliche ab 12 Jahren gibt es die Geistertour. Erst nach 20 Uhr am Abend geht es durch das plötzlich schaurig gewordene Schloss. Und es ist kein Gerücht, dass sich schon 15-jährige vor Angst an irgendwelche Steinsäulen geklammert haben.
Infos unter: www.greillenstein.at

Unheimliches auf der Schallaburg

Früher dienten hauptsächlich Flüsse, Berge und Dörfer als Wegweiser, heute muss man auch Straßen und die Autobahn mit einbinden. Denn von der Autobahn aus in Niederösterreich von Linz Richtung St. Pölten ist das malerisch gelegene Stift Melk zu sehen. Dreht ihr den Kopf nach rechts, dann seht ihr auf einem Hügel eine schöne Burg. Die Schallaburg. Ort eines schlimmen Verbrechens und einer gruseligen Geschichte.
Auf dieser Burg lebten einst zwei Brüder aus dem Geschlecht der Losensteiner, die sich nicht mochten. Jedes Mal, wenn sie sich auf dem Burghof über den Weg liefen, fingen sie sofort zu streiten an. Der jüngere Bruder hatte das satt und beschloss, sich gleich neben der Schallaburg eine eigene Burg zu errichten. Reste davon sind heute noch zu sehen. Doch der Streit ging trotzdem weiter, nur nicht mehr so oft. Eines Tages begegneten sich die Brüder am Fuße der Burganlage Richtung Donau. Der ältere der beiden, Ritter Georg, war in den Wäldern der Gegend oftmals auf der Jagd. Der Streit ging diesmal so weit, dass die Schwerter gezogen wurden und ein heftiger Zweikampf entstand. Georg, der geübter und erfahrener war, erschlug seinen Bruder in diesem ungleichen Kampf. Anschließend ging er fort und ließ den Toten einfach liegen. Die restlichen Burgbewohner und die Dienerschaft bargen den leblosen Körper und bestatteten diesen. Dort,

wo der Brudermord stattgefunden hatte, stellten sie ein rotes Holzkreuz mit einer Figur Jesu zur Erinnerung auf. Diese schlimme Tat sollte Georg Zeit seines Lebens nicht mehr in Ruhe lassen. Er wurde immer unruhiger und zorniger. Sein schlechtes Gewissen trieb ihn so weit, dass er seine Tiere lieber hatte als die Menschen auf der Burg, ja er behandelte seine sieben Hunde besser als seine schwangere Frau. Die Tiere fraßen an seinem Tische aus silbernen Schüsseln. Niemand getraute sich, ihm die Meinung zu sagen oder sich ihm entgegenzustellen, da der Burgherr immer seine Hundepeitsche dabeihatte und sie nicht nur zur Hundeerziehung einsetzte. Die meiste Zeit verbrachte er mit Jagen in den Wäldern um die Burg. Manche Menschen erzählten sogar, dass Ritter Georg in manchen Nächten mit dem Teufel auf der Jagd war. Eines Tages erfüllte sich dem Brudermörder kein Jägerglück. Ohne auch nur ein Wild erlegt zu haben, kam er am Abend auf seinem Weg an dem roten Kreuz vorüber. Die Erinnerung an seine Tat, von der er nie freigesprochen werden konnte, ließ seine Gewissensbisse aufleben und voller Zorn schrie er die Figur des Gekreuzigten an:

„Du musst gar nicht so schadenfroh schauen. Auch wenn ich kein Wild erwischt habe, aber dich treffe ich noch immer!", und er hob seine Jagdwaffe und schoss der Jesusfigur in den Kopf. Der laute Knall des Schusses war in der Abendstille weit zu hören und ein entsetzlich lauter Schrei war vom Kreuz her zu vernehmen. Der Schuss war kaum verhallt, da kam wie aus dem Nichts ein Gewitter auf. Die Hunde jaulten auf und stürmten vor Angst in alle Richtungen davon. Der Sturm verfolgte den zum Schloss eilenden Ritter. Äste knickten und ganze Bäume fielen dem flüchten-

den Jäger in den Weg. Es war, als ob die Erde unterging. Vom Wind und Regen verschmutzt, zerzaust, vor Angst zittrig und bleich erreichte er das Burgtor, vor dem das Unwetter halt gemacht hatte. Als das Tor wieder geschlossen war und Georg erschöpft im großen Arkadenhof zusammensank, kam sein treuester Diener mit ebenso bleichem Antlitz auf ihn zu. Obwohl hier gar kein Sturm war und niemand etwas von seiner *Freveltat* mitbekommen hatte, schien dem Mann das blanke Entsetzen ins Gesicht geschrieben. Er stammelte vor sich hin ohne wirklich etwas zu sagen. Der Burgherr entnahm dem Gestammel nur, dass seine Frau zur gleichen Zeit wie der Schuss aus dem Wald zu hören war, ein Kind zur Welt gebracht habe. Und irgendetwas sollte schlimm sein. Auch das Wort Hund fiel. Noch viel zu eingeschüchtert von dem Erlebten ließ sich Georg in das Zimmer führen, in dem seine Frau entbunden hatte. Das Neugeborene war in einen Nebenraum gebracht worden und in der Wiege waren kleine Füße zu sehen. Fast schien dem Herrn das Herz weich zu werden. Eine Dienerin schob das Tuch zur Seite, das fast die ganze Wiege verdeckte. Ein markerschütternder Schrei kam aus des Ritters Kehle. Entsetzt griff er sich an den Kopf und stürmte aus dem Zimmer, raste die Treppe hinunter und verließ noch immer schreiend die Burg. Das Kind in der Wiege war zwar ein ganz kleines Mädchen, aber eines mit einem Hundekopf. Ritter Georg war seit diesem Tag verschwunden. In manchen Nächten wurde er mit seinen Hunden als Begleiter des Teufels bei der wilden Jagd erkannt. Manche Menschen meinten, ein Waffenklirren zu hören, das dem eines Zweikampfs ähnlich war. Die Bewohner der Gegend sahen dies alles als Strafe für seinen Brudermord und den *frevel-*

haften Schuss auf das Kreuz an. Das Hundemädchen wurde wie ein Tier gehalten. Es wurde niemandem außer wenigen Eingeweihten gezeigt. Meist war es in einem Raum angekettet und durfte, sobald es laufen konnte, nur in Gängen unter der Burg frei herumlaufen. Man erzählte sich, dass dafür unterirdische Gänge gegraben wurden, welche die Schallaburg mit dem Sichtenberg und Sooß verbanden. Das Hundefräulein wurde angeblich zweiunddreißig Jahre alt und musste später als ankündender Geist erscheinen. Jedes Mal, wenn der hundsköpfige Geist erschien, musste innerhalb von drei Tagen ein Bewohner der Burg sterben.

Anmerkungen:
Die Schallaburg wurde großartig renoviert und kann besichtigt werden, was sich auf alle Fälle lohnt. Im großen berühmten Arkadenhof der Burg sind auf einer Seite viele schöne und auch seltsame Figuren und Büsten aus Terrakotta angebracht. Und ganz oben in einer Reihe aus vielen Gesichtern schaut das Hundemädchen herab. Wo genau, verrate ich nicht. Ihr müsst nur genau hinsehen! Vom kleinen Arkadenhof aus kommt man in einen dunklen Raum, in dem ein rundes Gitter am Boden befestigt ist. Durch dieses Gitter kann man einen Blick in einen der unterirdischen Gänge werfen, in dem das Hundemädchen herumlaufen durfte. Das alte rote Holzkreuz, an dem seit dem schlimmen Vorfall der Kopf von Jesus nach links gedreht war, steht heute nicht mehr. Dafür wurde aber ein neues errichtet. Es steht unterhalb der Burg an der Wegkreuzung zwischen Anzenburg und Roggendorf. Leider gibt es an diesem Platz keinen Hinweis auf diese Sage. Zum Abschluss noch ein kleines Suchrätsel. Unter den

vielen schönen Terrakottafiguren und Tafeln hat der Künstler ein nacktes Hinterteil versteckt. Wie heißt ein altes Sprichwort? Wer suchet, der findet.

Vom Mostwurm in Mödling

In und um die Stadt Mödling gab es früher – genauso wie heute – viele Weinbauern und Weingärten. Wenn vom Weinhauer, Winzer oder Weinzierl gesprochen wird, bedeutet dies, dass an diesem Hof die Weintrauben selbst gepresst werden und der Wein in Fässern heranreift. Sobald die Weintrauben zerquetscht sind, spricht man von der Maische und der daraus gewonnene Saft ist der Traubenmost. Dieser wird anschließend gekeltert, das heißt zu Wein verarbeitet.
Die folgende Geschichte trug sich vor über 200 Jahren in einem Weinkeller in Mödling zu.
Bei den Weinhauern wurden im Herbst Unmengen an Trauben zu Most gemacht. Dieser Saft wurde in große Fässer gefüllt. Jedes Fass hatte ein Spundloch, eine runde Öffnung im Deckel des Fasses zum Befüllen und Abzapfen. So wurde der Traubenmost gelagert, bis er zu Wein gekeltert wurde.
In manchen Weinkellern lebte damals ein Mostwurm, ein Tier, das schon längst ausgestorben ist und von dem nur mehr alte Erzählungen berichten können. Dieses schreckliche Tier hatte einen Reptilienkörper mit einem langen Schwanz und konnte über drei Meter lang werden. Über einem eigenartigen Saugrüssel saßen zwei große Augen, die im Dunkeln unheimlich leuchteten. Mit den Krallen an den

Füßen konnte sich das Tier fast überall festhalten. Wenn es sich zum Schlafen hinlegte, sah es aus, als ob an dieser Stelle ein großer, alter Stofffetzen lag. So verschrumpelt und lederartig wirkte seine Haut. Fast das ganze Jahr über verkroch sich das Tier und hielt einen langen Schlaf im hintersten Kellerwinkel oder unter einem abgestellten Fass, so wie andere Tiere in der Natur einen Winterschlaf hielten. Im Herbst, sobald der Mostwurm den Traubenmost roch, wurde er munter und machte sich an den Fässern zu schaffen. Mit seinen Krallen riss er die Korken aus den Spundlöchern und saugte sich mit seinem Rüssel daran fest. Er soff ganze Fässer leer und blähte sich dadurch riesig auf. Genau dies geschah in einem Keller in Mödling.
Ein Weinbauer ging eines Tages in den Keller, um nach seinem Saft zu sehen. Da hörte er im hinteren, dunklen Teil des Kellers seltsam glucksende Geräusche. Mit einer Kerze leuchtete er die Stelle aus. Große, furchterregende Augen starrten ihn an und ein giftig riechender Atem wehte ihm entgegen, der ihn zu lähmen schien. Vor Überraschung und Entsetzen erstarrte der Winzer und sah dem Untier in die Augen. Wäre er vorher gewarnt worden, so hätte er gewusst, dass er schnellstens umdrehen und davonlaufen musste. Er sah noch, wie das riesige, aufgeblähte Tier seine Krallen ausfuhr. Dann sprang der Mostwurm auf den Mann zu. Die Kerze erlosch und der Weinbauer stürzte zu Boden. Das Ungeheuer saß auf der Brust des Mannes und drückte ihm die Luft ab. Durch die schlechte Luft, die in diesen Kellern herrschte und den giftigen Atemhauch des Tieres, das auf dem Körper des Wehrlosen sitzen blieb, verlor dieser bald das Bewusstsein und wachte nicht mehr auf. Der Mostwurm gab immer erst

dann auf, wenn das menschliche Wesen unter ihm tot war. Der Sohn des Weinhauers ging kurz darauf ebenfalls in den Keller, da er nach seinem Vater suchte. Erschrocken sah er, was im Weinkeller vor sich gegangen war. Er konnte seinem Vater nicht mehr helfen, da dieser sein Leben bereits ausgehaucht hatte. Das Monster wollte nun auch den Sohn anfallen. Rasch lief dieser die Stufen hinauf und verriegelte die Tür. Er eilte zu seinem Nachbarn, der ihm strengsten verbat, vor dem Frühjahr nochmal in den Weinkeller zu gehen, denn der Mostwurm würde jeden Menschen anfallen, der dort hinuntergehe. Erst im neuen Jahr konnte der Sohn die verbliebenen Reste seines Vaters bergen und bestatten. Die Fässer mit dem Saft waren teilweise leergesoffen und verdorben. Auch der Wein, der in diesem Keller lagerte, war nicht mehr zu gebrauchen. Der Sohn wollte sich nicht vorstellen, was das Tier in all den Wochen hier unten getan hatte. Alles, was im Keller herumlag und herauszureißen war, wurde auf einem riesigen Haufen im Freien verbrannt. Dabei dürfte auch der Mostwurm mit verbrannt worden sein, da er schlafend wie ein altes, schmutziges Stofftuch aussah und mit all den anderen Dingen entsorgt wurde. Von diesem Tag an wurde in dem Weinkeller kein Mostwurm mehr gesehen. Er dürfte auch der letzte in der Mödlinger Gegend gewesen sein, denn in den nächsten Jahren gab es keine schrecklichen Erzählungen über einen Mostwurm mehr. Und das blieb bis heute so.

Wien

(Basilisk, Stephansdom, Mödling)

Allein die Innenstadt von Wien kann mit unzähligen Sagen und unheimlichen Geschichten aufwarten. Oft basierend auf historischem Hintergrund und vielen Bauwerken, die jetzt noch zu bestaunen sind, wie zum Beispiel die Schönlaterngasse oder der Stephansdom. Dieses Buch würde nicht ausreichen, um alle Sagen dieser Stadt zu versammeln. Da die Stadt Wien immer von vielen Menschen bewohnt wurde, gab es wahrscheinlich auch hier die meisten Hinrichtungen in unserem Land. Es wurden Menschen am Galgen erhängt, auf dem Richtplatz geköpft oder gar von Pferden oder Ochsen geviertelt. Und das als Strafe für Vergehen, die wir teilweise heute als gar nicht mehr schlimm erachten. Doch nun zu einer gruselig witzigen Geschichte.

Das Monster im Brunnen

Die Geschichte trug sich vor fast genau 800 Jahren in Wien zu. Die Stadt war damals noch nicht so groß und dicht bevölkert wie heute. Es gab kein Telefon, kein Radio und kein Fernsehen. Und trotzdem sprachen sich Gerüchte und schlimme Geschichten herum, genauso schnell wie heute.

Ein paar Gassen hinter dem Stephansdom gibt es jetzt noch die Schönlaterngasse. Dort war früher vor einer Bäckerei ein tiefer Brunnen, aus dem sich die Bewohner der umliegenden Gassen Wasser holten, das sie brauchten. Ein Eimer aus Blech war mit einem Seil an einer Seilwinde befestigt. Mit einer Kurbel wurde der Eimer hinabgelassen und wenn er mit Wasser voll gelaufen war, konnte man ihn heraufziehen.

Eine junge Frau, die beim Bäcker als Magd angestellt war, verließ das Haus und ging mit einem Wasserkrug zu diesem Brunnen. Am Brunnenrand stand der leere Eimer und sie ließ ihn langsam hinunter. Die Sonne stand hell am Himmel. So konnte sie zusehen, wie sich der Eimer zum glitzernden Wasser senkte.

Da stieg ihr ein fürchterlicher Gestank in die Nase, wie sie ihn noch nie wahrgenommen hatte. War das Wasser verschmutzt? Hatte womöglich letzte Nacht ein Betrunkener hineingemacht? Oder ist er gar dabei hinuntergefallen und jetzt verfault er im Wasser? Sie kurbelte den Eimer wieder

nach oben. Mit einer Hand hielt sie sich die Nase zu und beugte sich weiter über den Brunnenrand. Sie sah etwas im Wasser schwimmen und schimmern.
Da hatte sich etwas bewegt? Nein, das war kein Mensch! Jetzt bekam sie es mit der Angst zu tun. Sie ließ den Wasserkrug einfach stehen und lief schreiend ins Haus zurück.
Der Bäcker, seine Gesellen und bald die ganze Nachbarschaft standen kurz darauf beim Brunnen. Jeder nahm den schlimmen Gestank wahr und alle waren sich einig: da ist etwas in der Tiefe, das dort nicht hingehört. Und es verschmutzte sicherlich ihre einzige Wasserquelle.
Was konnte man tun? Wie konnte man herausfinden, was dort war? Getraute sich jemand dort hinunter um nachzusehen?
Der jüngste Bäckergeselle wurde überredet, dass man ihn vorsichtig mit dem Eimer hinunterließ. Er war so leicht, dass keine Gefahr bestand, dass das Seil reißen konnte. Zur Sicherheit wurde ein weiteres, dünneres Seil unter seinen Armen befestigt, damit er nicht ins Wasser fallen konnte.
Und so stieg er in den Eimer und wurde ganz langsam hinabgelassen. Der Brunnen war so schmal, dass er mit beiden Händen links und rechts an die Mauer greifen konnte. Je tiefer er kam, desto schlimmer wurde der Geruch. Er getraute sich kaum hinabzusehen. Das erste, was er zu sehen bekam, war ein großer Hahnenkamm mit einer kleinen Krone. Doch was er dann erblickte, ließ ihm das Blut in den Adern gefrieren.
Er schrie hinauf: „Hilfe! Schnell, zieht mich nach oben! Ein Monster! Hilfe!"
Rasch drehten die Männer am Brunnen die Kurbel und der

Geselle rüttelte an dem Seil, als ob es dadurch schneller ginge. Beinahe hätte sich der Eimer umgedreht. Bleich und verschwitzt zogen sie den Jungen aus dem blechernen Aufzug. Er wurde auf den Boden vor dem Brunnen gesetzt. Der Junge geriet in Panik, da er fürchtete, das Monster könnte aus der Tiefe kommen. So kroch er auf allen vieren auf eine Hausmauer gegenüber des Brunnens zu, wo er sich unter einer Laterne niederfallen ließ und sich langsam beruhigte.
Inzwischen war die ganze Gasse voller Menschen. Einige waren vor Angst wieder davongelaufen, als der Bäckergeselle im Brunnen zu schreien begonnen hatte.
Nun wurde er von seinem Meister und vielen anderen Menschen bedrängt zu erzählen, was er gesehen habe.
„Einen großen roten Hahnenkamm!", fing der arme Junge noch immer atemlos zu erzählen an.
„Ja, und weiter!?"
„Eine kleine Krone auf einem fürchterlichen Kopf!"
„Was erzählt er da?" riefen die Menschen in den hinteren Reihen.
„Wie ein riesengroßer Hahn! Flügel hatte es! Grässliche Füße!"
„Ein Drache!" riefen manche Leute aus.
„Seid endlich mal ruhig. Lasst den Jungen erzählen!" rief laut der Bäckermeister.
„Ein langer Schwanz, als ob ihm hinten eine Schlange angewachsen wäre! Und erst der Gestank!" zählte der Geselle weiter auf.
„Eine Schlange! Eine riesengroße Schlange!" hörte man die Menschen rufen.
Die Magd hatte aus dem Haus noch den letzten Rest Wasser

in einer Schale herausgetragen und überreichte es dem mutigen Gesellen.

„Trink langsam, es wird dir helfen", dabei lächelte sie ihn an, wie er es noch nie von ihr gesehen hatte.

Der Junge wurde nun ins Haus geführt, damit er sich erholen konnte und nicht mehr von den vielen Menschen umgeben war, die immer wieder hören wollten, was er im Brunnen entdeckt hatte.

Die mutigsten Männer der Gasse bauten zum Schutz vor dem Monster, einen Holzverschlag über den Brunnen. Somit konnte niemand mehr Wasser schöpfen.

Aus dem Heiligenkreuzer Hof, der sich fast nebenan gerade im Bau befand, wurde ein gelehrter Mann geholt. Dieser zeichnete nach der Beschreibung des jungen Bäckers das Monster im Brunnen auf und versprach nachzuforschen, welch grauenhaftes Tier das sei.

In den nächsten Tagen wurde der junge Geselle als Held gefeiert. Das gefiel ihm und er wurde immer frecher und erzählte plötzlich Schauergeschichten, die sich so gar nicht zugetragen hatten. Er war in jedem Lokal und jeder Kneipe ein gern gesehener Gast, der nichts mehr zu zahlen brauchte, da er durch seine Erzählungen die Gaststube mit Zuhörern füllte.

Die Bewohner der Gasse „Straße der Herren von Heiligenkreuz", wie die Schönlaterngasse früher hieß, jammerten, da sie nun weite Wege gehen mussten um Wasser zu holen. Endlich kam der Gelehrte zurück. Er erklärte den Menschen, dass er in einem französischen Buch mit dem Titel „Bestiarium" fündig geworden war.

„Es handelt sich eindeutig um einen Basilisken, den König

der Schlangen. Er stammt aus dem Ei eines Hahnes und wird von einer Kröte ausgebrütet."
Ein paar Menschen lachten, da sie wussten, dass ein Hahn kein Ei legt.
„Lacht nicht! Da sind andere Kräfte am Werk. Der Basilisk hat den Kopf eines Hahnes mit einer kleinen Krone. Sein dicker, kräftiger Körper steht auf vier Hühnerfüßen mit spitzen Krallen und ist mit Schuppen bedeckt wie eine Schlange. Deshalb sieht sein langer Schwanz wie eine Schlange aus."
Jetzt bemerkte er unter den Zuhörern den jungen Bäckergesellen, der gar nicht mehr so mutig aussah.
„Du kannst Gott danken, dass du noch lebst, junger Mann", sprach ihn der Gelehrte an. „Hättest du dem Untier in die furchtbaren Augen geblickt, wärst du auf der Stelle tot gewesen. Und hättest du seinen stinkenden Atem tief eingeatmet, wärst du jetzt auch nicht mehr unter uns."
Nach seinen Worten wurden viele Menschen verzweifelt, da sie nicht neben so einem gefährlichen Tier leben wollten und ihr Wasser nicht mehr erreichbar war.
„Ihr könnt den Basilisken töten, indem ihr ihm einen Spiegel vor seine Augen haltet. Denn blickt er selbst in die Augen eines anderen Basilisken, oder auch in seine eigenen, so zerplatzt das Tier auf der Stelle.", fuhr der weise Mann fort.
Nachdem er ein Glas Wein getrunken hatte, das ihm der Bäckermeister gebracht hatte, verließ er die Gasse und widmete sich wieder anderen Dingen.
Die schöne Magd des Bäckers zeigte mit dem Finger auf den jungen Gesellen und sagte mit einem strahlenden Lächeln:
„Du wirst uns retten. Du warst schon einmal unten. Du bist so mutig! Du kannst es! Du wirst das Tier töten."

Und so schnell konnte er gar nicht schauen, wurde er an den Brunnen geschoben. Die hölzerne Abdeckung wurde entfernt. Das Seil wurde ihm wieder um den Oberkörper geschlungen und plötzlich hielten ihm mindestens fünf Menschen einen Spiegel hin. Einer war so groß, dass er gar nicht in den Brunnen gepasst hätte. Und es dauerte nicht lange, da saß er zum zweiten Mal in seinem Leben in einem Wassereimer auf dem Weg in die Tiefe des Brunnens. Diesmal bewaffnet mit einem Spiegel. Der Gestank, der vom Wasser heraufstieg, machte ihm bewusst, warum er hier war. So gut er konnte, hielt er den Spiegel schräg nach unten, sodass er nur durch einen kleinen Spalt zwischen dem Eimer und dem Spiegel sehen konnte. Da er wusste, dass das Untier einen tödlichen Blick hatte, stieg ihm der Angstschweiß schnell auf die Stirn. Als der Eimer das Wasser fast berührte, rief er hinauf, damit sie ihn nicht noch weiter nach unten beförderten. Ganz ruhig war es jetzt. Von oben war nichts mehr zu hören, und unter ihm gluckste leise das Wasser. Er griff mit einer Hand an die Brunnenmauer, damit sich der Eimer etwas drehte. Und plötzlich geriet das Wasser in Bewegung, als ob es kochen würde. Der Geselle vernahm einen dumpfen Knall und etwas stieß gegen den Eimer, sodass dieser zu schaukeln begann. Der junge Bäcker rief nach oben, dass sie ihn etwas hinaufziehen sollten. Die Männer zogen aber mit so einem Ruck, dass der Junge den Spiegel fallen ließ.
Erschrocken hielten alle inne. Die Männer stoppten den Zug des Seiles und der Geselle hielt den Atem an. Nichts war zu hören. Ganz vorsichtig lugte er zum Wasser hinunter. Er sah den Spiegel halb im Wasser, halb an der Brunnenmauer, wo er sich verkantet hatte. Im Wasser schwammen eigenartige

Dinge. Als ob ein Metzger die übrigen Tierreste, die er nicht brauchen konnte, ins Wasser geworfen hätte. Nun erblickte der Junge einen Hühnerfuß, da wusste er, dass er es geschafft hatte.

„Ja! Ja! Ja!" rief er laut nach oben, „Das Monster ist tot! Ja! Ich hab's geschafft!"

Mit großem Beifall und Freudenrufen wurde er nach oben gezogen. Als kleiner, ängstlicher Junge ist er in den Brunnen gestiegen und als mutiger Sieger und Befreier kam er aus der Tiefe zurück.

Als er wieder festen Boden unter den Füßen hatte, bekam er von der lächelnden Magd einen dicken Kuss. Dies war sein erster Kuss, den er von einem weiblichen Wesen bekam, seit er aus dem Kindesalter herausgewachsen war.

Der Brunnen wurde zugeschüttet und wahrscheinlich wurde ein neuer im Heiligenkreuzer Hof angelegt.

Anmerkungen:

Heute befindet sich in dem Bäckerhaus ein Antiquariat, das ist eine Buchhandlung, die alte Bücher verkauft. An der Fassade über dem Geschäft ist eine Figur angebracht, die den Basilisken darstellt. Eine Brezel direkt darunter deutet darauf hin, dass an dieser Stelle ein Bäckerhaus war. Zu sehen ist auch ein schönes Gemälde, das den Jungen mit dem Spiegel und dem Untier zeigt. Ein Spruch in alter Sprache berichtet von der Geschichte.

Diese Front wurde bereits 1577 renoviert und bis heute immer wieder restauriert, damit der Hinweis auf diese Geschichte weiter erhalten bleibt.

Der Brunnen soll zwischen dem Bäckerhaus und dem Durch-

gang zum Heiligenkreuzer Hof gewesen sein. Ein Gasthaus direkt neben dem Durchgang heißt „Zum Basilisken" und zeigt an der Hausfront eine schöne Darstellung der Geschichte mit lebensgroßen Figuren.

Und zu guter Letzt erfahren wir auch noch etwas über den jetzigen Namen der Gasse: Schönlaterngasse. Im 17. Jahrhundert wurde die Gasse „Zur schönen Laterne" genannt, die Umbenennung zu „Schönlaterngasse" erfolgte 1780, da hier direkt gegenüber dem Bäckerhaus eine der schönsten alten Straßenlaternen angebracht war. 1971 wurde sie abgenommen und ins Historische Museum der Stadt Wien gebracht. Sie war zu wertvoll. Heute sind genau an der Stelle eine Kopie der Laterne und eine Erinnerungstafel angebracht.

Die Schönlaterngasse wirkt heute fast wie eine Museumsgasse, die viel zu zeigen und zu erzählen hat. Ihr müsst sie nur entdecken!

Die unheimliche Mette im Stephansdom

Man vermutet, dass sich die folgende Geschichte um Weihnachten 1678 im heutigen Zentrum von Wien ereignete. Der Stephansdom war damals noch von einem großen Friedhof umgeben. Der Pfarrer von St. Stephan, Graf Albrecht von Hohenberg, saß in der Nacht vom 24. Dezember in der kleinen Bibliothek des Pfarrhofes, der gegenüber dem Nordturm des Domes lag. Er las in einer alten *Chronik*, die die Pfarre besaß. Nur wenige Menschen konnten lesen, da die Schulpflicht in Österreich erst 100 Jahre später eingeführt wurde. Viele unwichtige aber auch ungewöhnliche Informationen konnte man dem Buch entnehmen. In dieser Nacht stieß er auf eine unheimliche *Weissagung*, die ihn erschaudern ließ.

„Wen du in der Christnacht im Gotteshaus erschaust, angetan mit seinem Grabgewand, der stirbt, ehe noch das nächste Jahr vergeht."

Wie sollte das möglich sein? Wer weiß im Vorhinein, mit welchem Gewand jemand begraben wird? Armen Menschen und Kindern wurden lange, graue Totenhemden angezogen. Verärgert über sich selbst schlug der Priester das schwere Buch zu. Er hatte tatsächlich für kurze Zeit das Gelesene ernst genommen. Die Mitternachtsstunde war überschritten. Mit einem Blick aus dem Fenster bemerkte er einen heftigen Sturm, der an den Häuserfronten rüttelte. Während er überprüfte, ob die Fensterläden wirklich fest geschlossen waren, fiel ihm etwas auf, das nicht sein konnte. Oder nicht sein durfte. Er sah auf die hohen, spitzen Fenster der Nordseite des Stephansdomes und bemerkte, dass innen Licht brannte. Niemand außer ihm und dem Kirchenschließer konnte in der Nacht den Dom betreten. Er zog sich seine Schuhe und den Wintermantel an, entzündete den Docht seiner Laterne, griff nach dem großen Kirchenschlüssel und verließ den Pfarrhof. Heftiger Wind empfing ihn und schien ihn am Betreten des Domes hindern zu wollen. Mit festen Schritten kämpfte er gegen den Sturm an und näherte sich dem nahen Eingang, dem Adlertor. Der Wind hatte viele einfache Holzkreuze auf den Gräbern umgedrückt oder gar aus dem

Erdreich gerissen. Endlich hatte es der Priester bis zum Nordturm geschafft. Das Tor war verschlossen, so wie es sein sollte. Er öffnete es mit seinem großen Schlüssel und zog einen Torflügel mit großer Kraftanstrengung auf. Geistliche Musik drang an sein Ohr, Orgelklänge und ein Singen aus vielen menschlichen Kehlen, als ob ganz Wien in der Kirche wäre. Es kam ihm vor, er sei mitten in eine heilige Messe geraten. Und das war auch so. Nachdem er das Tor geschlossen hatte und somit auch den Wind und Sturm hinter sich ließ, ging er langsam und bedächtig in die Mitte des Kirchenschiffes. Fast seine ganze Kirchengemeinde war hier zum Gebet und Singen vereint. Es war so, als ob er eine Messe zu lesen vergessen hätte. Eine Menge der Andächtigen kannte er, viele Gesichter kamen ihm bekannt vor. Freunde, Mitarbeiter, Kaufleute aus der Gegend. Doch keiner schien ihn wahrzunehmen. Und die Kinder. Fast alle meinte er zu kennen, wie sie da standen in ihren grauen Hemdchen. Graue Hemdchen? In seinem Nacken richteten sich die Härchen auf. Gänsehaut überzog seine Arme und seinen Rücken. Er drehte sich zum Altar und erblickte einen festlich gekleideten Priester, den er sehr gut kannte. Dieser drehte sich zu den Betenden um und hob die Arme. Nein. Nein, das konnte nicht sein. Der Pfarrer von St. Stephan ging so schnell nach vorne, wie er es noch nie in seiner Kirche getan hatte. Er starrte in das Antlitz von Graf Albrecht von Hohenberg, dem Pfarrer von St. Stephan. In sein eigenes. Er selbst sprach sich ein Gebet entgegen. Um diese Unmöglichkeit zu begreifen, drehte er sich dreimal im Kreise. Zweimal sah er eine volle Kirche und sich selbst an ihm vorbeiziehen. Beim dritten Male hörte er die Kirchenglocke ein Uhr schlagen. Und plötzlich war alles ruhig und finster. Der Pfarrer fiel in seiner Drehung zu Boden. Stille und Dunkelheit umfing ihn. Auf allen vieren kroch er zum Altar und richtete sich an den Stufen auf. Nochmals blickte er in den nun leeren Dom, der ihm gar nicht mehr so geheuer war. Schließlich sank er auf die Knie und betete. Anschließend ging er zurück zum Pfarrhof. Der Sturm hatte sich gelegt und es begann dick zu schneien. Er sprach mit niemandem über sein unheimliches Erlebnis. Noch in gleicher Nacht schlug er die neue Pfarrchronik auf und schrieb mit Federkiel und Tusche nieder, was ihm in dieser Nacht widerfahren war. Alle Namen der Menschen, die er kannte und die er in der Kirche gesehen hatte, trug er in das Buch ein. Es vergingen viele Minuten, bis er am Ende der langen Liste seinen eigenen Namen hinzufügte.

Die *Weissagung* aus der alten *Chronik* traf leider sehr bald zu. Im Frühjahr des folgenden Jahres wurde Wien von einer schlimmen *Pestepidemie* heimgesucht. Tausende Bewohner von Wien mussten dem „schwarzen Tod" ihr Leben lassen. Darunter war auch der Pfarrer von St. Stephan mit vielen Mitgliedern seiner Pfarrgemeinde.

Anmerkungen:

Heute noch kann man am Stephansdom einige Spuren vom alten Friedhof entdecken. Rechts vom Riesentor, an der Außenwand der Eligiuskaplle, befindet sich eine Totenleuchte des alten Friedhofs. Weiters gibt es an der Fassade angebrachte Grabplatten und Tafeln aus den Jahren des „Stephansfreithofs", wie er damals hieß. Das „Adlertor" wird so genannt, da früher über dem Tor ein steinerner Adler angebracht war. Es gibt viele weitere Geschichten rund um den Stephans-

dom, die hier aber keinen Platz mehr fanden und die man in anderen Büchern nachlesen kann.

Die verhängnisvolle Einladung

Folgende gruselige Geschichte dürfte sich in Wien oder in Mödling bei Wien im 13. oder 14. Jahrhundert ereignet haben.

Ein Mann wohnte ganz alleine in einem kleinen Haus. Er soll hier einfach Franz genannt werden, obwohl sein wahrer Name niemandem mehr bekannt ist. Er ging oft in ein Wirtshaus und trank dort eine Menge Alkohol. Er versuchte so zu vergessen, dass er oft sehr einsam war. Wie es bei Betrunkenen so ist, konnte er meist nicht mehr gerade gehen. Er wankte hin und her. Das Sprechen und auch das Sehen in der Dunkelheit fielen ihm immer schwerer.
Einmal kam er am Nachhauseweg an einem *Richtplatz* vorbei. Dies ist die Stelle, an der früher zum Tode Verurteilte hingerichtet wurden. Er stolperte direkt unter einem Galgen und bemerkte, dass da direkt über ihm etwas hing. Ein Mensch, ein Gehängter hing an einem Seil. Einer, der offensichtlich schon vor längerer Zeit hingerichtet worden war. Zur Abschreckung gegen Verbrechen wurden die zum Tode Verurteilten einige Zeit hängen gelassen.
Der Tote war in einem fürchterlichen Zustand. Die Haare und Augen fehlten ihm bereits und manch anderes war auch nicht mehr vorhanden.

Franz hatte durch seinen Rausch alle Angst und Hemmungen verloren. Er stellte sich vor den Erhängten, schaute zu ihm hoch und schnitt ihm alle möglichen Grimassen. Dabei lachte er wie blödsinnig vor sich hin. Um nicht hinzufallen, musste sich Franz kurz an den Füßen des Toten festhalten, die er gerade noch ergreifen konnte. Dann stieß er sie weg und der Hingerichtete baumelte hin und her. Das fand Franz in seinem Zustand sehr lustig. Er sah dem Toten ein wenig zu und sagte schließlich:
„Hallo du Glatzkopf! Komm doch heute Nacht auf ein Abendessen zu mir nach Hause! Zu trinken habe ich auch noch was."
Ein Fremder hätte sein Gebrabbel kaum verstanden, aber der Tote hat gehört, was der Franz gesagt hat.
Der Betrunkene torkelte wieder weiter. Dabei lachte er und stammelte irgendetwas vor sich hin. Zu Hause angekommen, fühlte sich Franz nicht ganz wohl. Er versperrte die Tür und schloss alle Fensterläden, die er sonst immer offen ließ. Er stellte sich Speck und Brot auf den Tisch, aber der Appetit war ihm vergangen. Da hörte er die Kirchenglocke zwölf Uhr Mitternacht schlagen. Als ob er es gewusst hätte, sah er zur Tür und genau in diesem Augenblick klopfte jemand. Franz war wie versteinert. Er reagierte nicht, stand nur da und schaute zum Eingang. Ein zweites Mal wurde geklopft. Eine unheimliche Stimme rief:
„Lass mich rein! Du hast mich eingeladen."
Franz bewegte sich immer noch nicht. Auf einmal war er nüchtern. Die Angst fuhr ihm in alle Knochen. Da klopfte es ein drittes Mal und wie von Geisterhand öffnete sich die Tür. Mit langsamen Schritten kam der Tote vom Galgen in die

Stube. Er ging geradewegs auf den wie versteinerten Gastgeber zu und sprach:

„Ich bin gekommen, weil du mich zum Essen und Trinken eingeladen hast. Nachher lade ich dich zu mir ein."

Er drehte sich zum Tisch, setzte sich und griff nach dem Essen. Franz wurde kreidebleich im Gesicht. Mit weit aufgerissenen Augen und offenem Mund sah er seinem fürchterlichen Gast zu. Ganz genau kann man es gar nicht schildern, so fürchterlich muss es gewesen sein. Tausende Gedanken sausten Franz im Kopf herum.

Was sollte er tun?

Wie konnte er seinen entsetzlichen Besucher loswerden?

Der Gestank, der von dem unheimlichen Gast ausging, ließ ihn wieder zu sich kommen.

„Du hast gesagt, du hast was zum Trinken!" sagte der Tote.

Wie eine Marionette griff Franz nach einem vollen Krug Wein, der auf einem Schrank in seiner Stube stand. Er goss etwas davon in einen Becher und stellte ihn dem Toten hin. Dieser nahm ihn und trank. Gleichzeitig setzte auch Franz den Krug an seinen Mund und ließ reichlich von dem Wein in seine Kehle fließen. Als er den Krug absetzte und zu seinem Gast blickte, war dieser verschwunden. Er sah zur Tür, die wie vorher wieder verschlossen war. Er war plötzlich ganz alleine im Raum.

Erleichtert sank Franz auf einen Stuhl. Nochmals blickte er zur Tür und unter die Sitzbank. Niemand war zu sehen. Er nahm einen weiteren großen Schluck von seinem Wein, der ihm das Leben gerettet hatte.

In diesem Krug war nämlich der „Johannissegen". Ein Wein, der am 27. Dezember, dem Johannistag, in der Kirche gesegnet wird und der alle bösen Geister vertreibt. In den folgenden Jahren hat Franz wohl deshalb andere Wege vom Gasthaus nach Hause genommen.

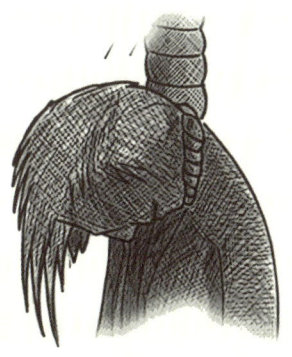

Anmerkungen:
Hinrichtungen mit Henkern gab es in Wien ab dem 13. Jahrhundert. Der Henker wohnte im „Schergenhaus", wo auch die Gefangenen inhaftiert und verhört wurden.
Die wichtigsten Richtstätten mit Galgen waren in Wien:
Am Lopokowitzplatz – früher Schweinemarkt genannt.
Am Schlickplatz – früher Rabensteig genannt
Am Wienerberg – Spinnerin zum Kreuz
Am Hohen Markt wurden die Verurteilten geviertelt oder geköpft, am Tabor in der Donau ertränkt und auf der Gänseweide – Weißgerberlände verbrannt.

Burgenland

(Nordburgenland, Lockenhaus)

Burgen über Burgen besiedeln das kleine Bundesland, so wie der Name es beschreibt. Hier könnte man wieder Geschichte an Geschichte reihen und es würde nie enden. So begeben wir uns in dörfliche Gegenden und erzählen von einem teuflischen Wesen, das nicht nur im Burgenland sein Unwesen trieb, sondern auch in anderen Bundesländern viele junge Mütter in Angst und Schrecken versetzte. Neben den vielen Burgen und Schlössern gibt es auch in und um Kirchen viele schöne und unheilvolle Sagen. Die Geschichte über die Gruft von Lockenhaus hat mich so beeindruckt, dass sie eine andere geplante Geschichte ersetzt.

Vom Wechselbalg

Im Nordburgenland, irgendwo zwischen Eisenstadt und Ödenburg (dem heutigen Sopron in Ungarn), gab und gibt es einige Dörfer, die damals noch nicht durch eine Grenze getrennt waren. In so einem Dorf hatte eine Frau in ihrem Haus ein Kind zur Welt gebracht. In der Zeit von sechs bis acht Wochen nach der Geburt werden die Frauen Wöchnerinnen genannt. Diesen Begriff verwendet man heute auch noch.

Die Frau, hier Johanna genannt, hatte immer ein komisches Gefühl, wenn sie zu ihrem Kind in die Wiege sah oder es herausnahm, um es zu stillen. Die Wöchnerin hatte keinen Mann mehr und war somit im Dorf dem Spott der Leute ausgesetzt, was in vergangener Zeit nicht außergewöhnlich war. Eine freundliche Nachbarin kümmerte sich um Johanna und ihr Kind. Dieser fiel bei einem ihrer Besuche ebenfalls auf, dass mit dem Kind etwas nicht stimmte. Es hatte einen zu großen Kopf und sah auch sonst ganz anders aus, als am ersten Tag in seinem neuen Leben.

„Johanna? Meinst du, dass das hier wirklich dein Kind ist? Es kommt mir so verändert vor?", fragte die Nachbarin vorsichtig.

„Gut, dass du fragst. Ich bin mir selber nicht mehr sicher", antwortete Johanna. „Ich glaubte schon, ich müsste um meinen Verstand fürchten. Am Tag nach der Geburt, ich war

noch geschwächt und schlief viel, da meinte ich zu träumen. Ich sah durch diese Tür hier einen kleinen Mann hereinkommen. Er trug eine rote Weste und hatte die Hemdärmel nach oben gestülpt. Er hatte etwas in seinen Armen, das ich nicht sehen konnte. Der Fremde ging auf mein Kind zu, hob es hoch und legte stattdessen das Mitgebrachte in die Wiege. Als ich erwachte, war alles wie vorher. Mein Kind lag in der Wiege, doch sah es irgendwie anders aus, der Kopf war größer geworden und als ich es zur Brust nahm, trank es, als hätte ich es noch nie gestillt. Es ist mein erstes Kind und ich bin in vielen Dingen noch unerfahren. So lasse ich mich schon von Träumen verunsichern."
Die Nachbarin nahm die Hände der junge Mutter, atmete tief durch und sagte mit ernster und besorgter Stimme: „Johanna, das war kein Traum. Hast du noch nie vom Kinderwechsler gehört?"
Johanna schüttelte den Kopf und sah ihre Freundin mit großen Augen an.
„Das ist ein Gnom oder Dämon oder gar der Teufel selbst. Er will auch so schöne kleine Kinder haben wie wir. Deshalb tauscht er sein eigenes Kind mit unseren ein. Du hast einen Wechselbalg in deiner Wiege. Er wird hässlich und nie wirklich alt. Wir müssen zusehen, dass wir es wieder zurücktauschen. Du musst den Balg ins kochende Wasser werfen!"
Johanna erschrak so sehr, dass sie sich hinsetzen musste.
„Nein, das kann ich nicht! Auch wenn es nicht mein Kind ist. Was du da von mir verlangst, ist unmenschlich und grausam!" Tränen flossen über ihr Gesicht und ihre Hände zitterten, als wäre sie hundert Jahre alt.
„Willst du dein Kind wiederhaben, so musst du tun, was

ich dir sage. Hör genau zu." Die Nachbarin flüsterte ihr ins Ohr und verließ schließlich das Haus. Johanna wischte sich die Tränen mit einen schmutzigen Tuch aus dem Gesicht und ging ans Werk. Sie musste bis zum Abend, wenn das Ave-Maria-Läuten zu hören war, fertig sein. In den katholischen Kapellen und Kirchen wurde jeden Tag morgens, zu Mittag und am Abend eine kleine Glocke geschlagen, die die Bevölkerung zu einem kurzen Mariengebet aufrief.

Johanna trug Holz herein und schlichtete es an der Feuerstelle auf. Dazwischen steckte sie trockene Späne, damit das Holz schnell Feuer fing. Dann hängte sie einen großen Kessel darüber. Sie musste dreimal zum Brunnen gehen um Wasser zu holen, damit das Gefäß voll wurde. Früh genug entzündete sie das Feuer, denn es dauerte lange, bis das Wasser zu sieden begann. Bisher war die Arbeit nicht schlimm, doch jetzt kam der Zeitpunkt, vor dem sie sich fürchtete. Das Feuer ließ das Wasser kochen und Johanna saß davor und sah ins Leere. Fast hätte sie das Ave-Maria-Glöckchen überhört. Schnell sprang sie zur Wiege, nahm das fremde Kind an den Füßen und ging zum Wasserkessel hinüber. Sie war erst zwei Schritte gegangen, als plötzlich die Tür von außen aufgerissen wurde und das kleine Männchen aus dem Traum erschien. Mit roten zornigen Augen und ohne etwas zu sagen stürzte es auf die Frau zu, riss ihr den Wechselbalg aus den Händen und lief durch die Tür hinaus. Johanna eilte ihm nach, doch konnte sie den wütenden Mann nicht mehr sehen. Die Zeit zum Mariengebet war inzwischen auch vorbei. Als sie traurig und verzweifelt ihre Stube betrat, bemerkte sie eine Bewegung in der Wiege. Dort lag tatsächlich fröhlich ihr Kind. Tränen vor Freude benetzten das Kind, als Johanna

es an die Brust nahm. An einem Muttermal am rechten Arm erkannte sie ihr Kind wieder.

Der Kinderwechsler hatte das Neugeborene wieder zurückgetauscht, da er sein eigenes Kind noch immer liebte und es gleich behandelte wie die Menschen sein Wechselbalg. Die Nachbarin hatte gewusst, dass der Kinderwechsler es nie zulassen würde, dass seinem eigenen Kind ein schlimmes Leid geschah.

Anmerkungen:

Im Aberglauben der Menschen aus früheren Zeiten existierte die Meinung, dass der Teufel mit alten Hexen Kinder zeugte, um sie mit menschlichen Kindern auszutauschen. So gibt es viele Geschichten und Sagen. Leider auch tragische Ereignisse in der Wirklichkeit. So wurden behinderte Säuglinge oft als Wechselbälger bezeichnet und auch manchmal umgebracht. Frauen wurden als Hexen verbrannt, da sie anscheinend einen Wechselbalg zur Welt gebracht haben.

Im Mittelalter wurden von kirchentreuen Menschen Geschichten erfunden, um eine Erklärung für das Unbekannte und Unerklärbare zu haben. Durch ihre Unwissenheit wurden unzählige Menschen unschuldig verurteilt und hingerichtet. Die Richter und ausführenden Personen handelten im Namen der Kirche. Man spricht in diesem Falle von der Inquisition.

Gruseliges aus der Gruft in Lockenhaus

In Lockenhaus im südlichen Burgenland befindet sich unter der Kirche eine *Gruft*, in der über 30 Menschen beigesetzt wurden. Einige Mitglieder der gräflichen Familie Nádasdy ruhen in aufwendig gestalteten Marmor-*Sarkophagen*. In den Wandnischen wurden vor allem Pater des damals im Ort ansässigen Ordens der Augustiner eingemauert. Diese *Gruft*, auch *Krypta* genannt, hätte vieles zu berichten. Eine besonders gruselige Geschichte und ihr wirklicher Hintergrund soll hier erzählt werden.
Nur wenige Kilometer von Lockenhaus entfernt liegt im heutigen Ungarn die Gemeinde Güns (ungarisch Köszeg). Dort waren Husaren stationiert. Das waren ungarisch-kroatische Soldaten, die für ihre wendigen Pferde bekannt waren und die für das Militär hauptsächlich Aufklärungsarbeit leisteten. Vor über 200 Jahren wurden im Mai in den Wäldern um die Burg Lockenhaus herrliche Feste gefeiert. Dazu wurden auch die Husarenoffiziere aus dem nahen Güns eingeladen. Die Frauen der Umgebung liebten nicht nur die schönen Uniformen der Soldaten, sondern auch die Männer, die darin steckten, und so wurde meist lange und ausgiebig gefeiert und getrunken. Eines Nachts kam eine angetrunkene Gesellschaft an der Kirche vorbei und ein *Leutnant* wollte unbedingt den Toten einige Blumen bringen. Dazu wurde der Kirchendiener geweckt. Dieser sperrte das Kirchentor und

den Zugang zur *Krypta* auf. Mit Kerzen und Blumen ausgestattet gelangte die seltsame Gruppe über die Steinstufen inmitten der Kirche nach unten. Viele *Sarkophage* waren hier zu sehen. Bei manchen waren die Deckel zur Seite geschoben oder fehlten ganz. Die Männer legten die mitgebrachten Blumen in die offenen Särge, in denen, nach den Kleidern zu erkennen, weibliche Tote lagen. Aus mitgebrachten Flaschen wurde Alkohol getrunken, zwischen den Toten herumgewandert und gescherzt. Der *Leutnant* beugte sich zu einer Inschrift an einem Sarg.

„Hier liegt die Gräfin Catalina. Sie war sicher eine wunderschöne, zierliche Frau. Seht, welch kleine Füße sie hatte!" Er hob dabei einen Fuß mit einem grünen Samtschuh und zeigte seinen Freunden, dass er den Schuh mit einer Hand umschließen konnte. Irgendwann wird jede unvernünftige Tat langweilig und so zog die Gruppe bald wieder ab. Der *Mesner* konnte endlich wieder abschließen und die Husaren ritten zurück nach Güns. Der Kirchendiener hatte nicht bemerkt, dass der Leichnam der Gräfin Catalina nur mehr einen Schuh trug.

In Güns angekommen zog der *Leutnant* den grünen Samtschuh aus seiner Tasche und prahlte damit herum. Seine Kameraden fanden dies gar nicht lustig und forderten ihn auf, den Schuh am nächsten Tag zurückzubringen. Doch der Schuhräuber ließ sich nicht aus der Ruhe bringen, befestigte sein Raubgut mit einem Nagel über seinem Bett. Er begab sich zur Ruhe, was ihm nach seinem Alkoholgenuss nicht schwer fiel.

Mitten in der Nacht wurde der Husar durch einen Luftzug geweckt. Er wollte wie gewohnt die Kerze entzünden, doch er bemerkte, dass es in seinem Zimmer hell genug war. Ein seltsamer Lichtschein, der sich über seinem Bett ausbreitete, ließ ihn aufschrecken. Er saß aufrecht und starrte entsetzt auf etwas vor ihm. Im hellen Licht schwebte die Gestalt der toten Gräfin aus der *Krypta*. Er erkannte sie sofort, da er sich die getrocknete und zusammengezogene Haut im Gesicht der Toten gut eingeprägt hatte. An einem Fuß der Gestalt fiel ihm der fehlende Schuh auf. Nur von einer dünnen papierähnlichen Haut überzogene Fußknöchel waren zu sehen. Kein Schrei oder auch nur ein Wort kam über die Lippen des *Leutnants*. Wie versteinert saß er da und musste zusehen, wie sich der tote Körper über ihn hinweg bewegte. Eine gruselige Knochenhand kam auf ihn zu, und er meinte schon, die toten Finger würden ihn erwürgen. Die Hand nahm jedoch nur den Samtschuh von der Wand und kurz darauf war der Geist der Gräfin verschwunden. Der Offizier saß die ganze Nacht aufrecht in seinem Bett und am Morgen meinten seine Freunde, er sei tot, so bleich fanden sie ihn in seinem Zimmer vor.

Erst nach langen Minuten und einem Schluck Wasser war der Husar fähig, seinen Kameraden von seinem Erlebnis zu berichten. Noch am gleichen Tag ritt er nach Lockenhaus und ließ sich erneut die *Gruft* aufsperren. Am Sarg der Gräfin Catalina erhielt er die Bestätigung für den nächtlichen Besuch. An beiden Füßen der Toten befanden sich die grünen Samtschuhe. Sogleich fiel der Mann auf die Knie und betete um Vergebung und für die Seele der Gräfin, damit sie in Ewigkeit ruhen könne und ihn nicht mehr besuche. Kein Tag verging, an dem der *Leutnant* nicht am Abend in der *Krypta* vor dem offenen Sarg der Gräfin betete. Natürlich waren durch dieses Erlebnis die Kraft und Lebensfreude sowie die militärischen Fähigkeiten des Mannes verschwunden. Der *Oberst* des Husarenregiments ließ sich die Ursache der ungewöhnlichen Veränderung seines *Leutnants* von seinen Kameraden erklären. Daraufhin bat der militärische Oberbefehlshaber den Fürsten von Lockenhaus, den Sarg der Gräfin in eine Nische einzumauern. Sobald dies geschehen war, fand man am nächsten Abend den *Leutnant* tot in seinem Blute liegend vor der neu errichteten Mauer mit der steinernen *Gruft*tafel der Gräfin Catalina. Er hatte sich davor erschossen. Der Revolver lag noch neben ihm.

Anmerkungen:

Unter den vielen toten Frauen in dieser Krypta ist hier tatsächlich eine Gräfin Katharina bestattet worden, die 1775 im Alter von 18 Jahren gestorben war. Noch interessanter und unheimlicher ist folgende Tatsache:

Der Körper und die Kleidung der im Mai 1682 verstorbenen Gräfin Christina Draskovich waren 170 Jahre später immer noch unversehrt und kaum verwest. Die Grabtafel ist an einer Wandnische noch heute zu sehen. Vor über 100 Jahren waren einige Särge immer noch offen, was einige Jugendliche veranlasste, mit den Knochen der Priester Unfug zu treiben. Auch der Kopf des enthaupteten Franz Nádasdy wurde immer wieder für Besucher aus dem Sarkophag herausgenommen. Deshalb wurden die Wandnischen zugemauert und die Sarkophage renoviert und geschlossen. Am hinteren Ende der Gruft befindet sich ein Altar mit einer schwarzen Madonna. Diese Figur befand sich einst in der Burgkapelle der Burg Apatto, die dem ungarischen Grafen Kery ge-

hörte. Dort wurde die Marienstatue von nicht katholischen Menschen in einen Brunnen geworfen und vergessen. Jahre später war man durch einen geheimnisvollen Lichtschein am Grund des Brunnens darauf aufmerksam geworden und die Figur wurde geborgen und wieder aufgestellt. Der Sohn des Grafen Nádasdy aus Lockenhaus erfuhr von der wundersamen Kraft der Madonna und erwarb sie für seine Familiengruft, wo sie heute noch zu sehen ist, neben zwei aus Holz geschnitzten Skeletten und anderen unheimlichen Details in dieser wirklich sehenswerten Gruft. Jeder Besucher sollte daran denken, dass er sich in einer Grabstätte befindet und sich auch so verhalten. Schon 1883 hatte sich ein „Franz" mit einem Stift an einem Gewölbe verewigt und viele folgten seinem Beispiel, was nicht unbedingt nachahmenswert ist.
Die Burg und die Umgebung von Lockenhaus hat noch viele weitere Geschichten zu erzählen, die ihr vielleicht bei einem Besuch erfahren könnt.

Steiermark

(Nordsteiermark, Graz, Südsteiermark)

In jedes Sagenbuch gehört ein verschwundener Schatz oder ein Schatzsucher. Meistens gibt es bestimmte Aufgaben oder Bedingungen zu erfüllen, die einen zum Schatz führen. Oft wird so ein Schatz von einem Geisterwesen bewacht, wie in der Geschichte aus Innsbruck und der folgenden, die sich in der Nordsteiermark zugetragen hat. Vorhersagungen und Ankündigungen von Geisterwesen bedeuten meist Schlechtes für die Betroffenen. Dass man den Toten nichts wegnehmen sollte, wusste auch nicht jeder und so musste es ein Südsteirer büßen. Viele Sagen tauchen in anderen Bundesländern in verschiedenen Varianten wieder auf. Die Geschichte vom Tatzlteich dürfte einmalig sein und gehört zu meinen Lieblingsgeschichten in diesem Buch.

Der Spuk auf Freienstein

Im Norden der Steiermark, zwischen Troifach und Leoben, liegt die Gemeinde St. Peter-Freienstein. Direkt an der Hauptstraße ragt ein hundert Meter großer Felsen in die Höhe. Von einiger Entfernung aus kann man über diesem großen Felsblock eine Kirche erblicken. Umgeben von alten Mauern erkennt man die Wallfahrtskirche Maria Freienstein. Hier hat sich folgende Geschichte abgespielt:

Bereits vor über sechshundert Jahren erhob sich auf diesem Felsen die Burg Leoben. Wann genau sie erbaut wurde, weiß heute niemand. Viele Generationen von strengen und gefürchteten Grafen, Fürsten und Burgherren hatte diese Festung erlebt und beherbergt. Einer der letzten Besitzer war ein schlimmer Mann. Er war ungerecht und hart zu seinen Untertanen, den Bauern und Bewohnern der Umgebung. Jeder musste auf der Burg von seiner Ernte und seinem Ertrag etwas abliefern. An jedem Verkauf und Geschäft war der Burgherr beteiligt und Zeit seines Lebens war ihm sein Reichtum immer zu gering. Da er sehr unbeliebt und wahrscheinlich auch sehr dick und hässlich war, fand er keine Frau und deshalb gab es keine Nachkommen. So war mit seinem Tode die Familie ausgestorben. Die Gegend wurde ab nun von anderen Fürsten und von einer weiter entfernten Burg aus regiert und das Anwesen auf dem Felsen zerfiel. Nach vielen Jahren war nur mehr eine Ruine vorhanden. In dieser Zeit begann es um den Felsen und zwischen den Mauern zu spuken. In der letzten Stunde vor Mitternacht erschien plötzlich auf dem Weg unter dem Stein eine gespenstische Mauer. Bauern und Kaufleute, die auch nachts mit ihren *Fuhrwerken* unterwegs waren, konnten nicht mehr vorbei und mussten warten, bis der Spuk um Mitternacht vorüber war. Ängstlich verkrochen sie sich unter den mitgeführten Decken und hielten sich die Ohren zu, da immer wieder eine schauerliche Stimme zu hören war. „Hans, wo bist du? Hans! Hans! Wo bist du?" So ging es eine ganze Geisterstunde lang. Jeder, der davon wusste, vermied in der Nacht den Weg unter der Burg. Eines Abends war ein *Hofnarr* mit einem kleinen Pferdegespann von einer Burg zu einer anderen unterwegs und musste in besagter Geisterstunde unter dem Felsen vorbei. Auch ihm versperrte die Geistermauer die Weiterfahrt und er vernahm die grausige Stimme, die jede Nacht rief: „Hans, wo bist du? Hans! Wo bist du?" Da beschloss er zu antworten, denn sein Name war Hans. „Hier bin ich! Wer sucht mich?" rief er laut in die Nacht hinein. „Hans! Wo bist du? Hans, komm hier her!" war nun zu hören. Dem *Hofnarren* wurde klar, dass die Stimme von oben, von der verfallenen Burg kam. Da Hans sowieso nicht weiter konnte, stieg er den steilen Weg zur Ruine hinauf. Immer wieder kam das Rufen und je näher er zu den Mauerresten kam, desto deutlicher wurde auch die geisterhafte Stimme. Im hellen Mondlicht meinte er die Reste eines Torbogens zu erkennen, das ehemalige riesige Burgtor. Direkt dahinter bemerkte er im Dunkeln eine Gestalt. Er trat noch näher und sprach: „Hast du nach mir gerufen?" Ein kleines, schwarzes Männchen, zu groß für einen Zwerg und zu klein für einen richtigen Mann, saß auf einer großen Truhe aus Eisen und hielt die Hände vor sein Gesicht. „Was willst du von mir? Sag schon, ich muss bald weiter", forderte Hans die Gestalt auf. Das Männchen beachtete den *Hofnarren* nicht, sprang plötzlich auf und versuchte die Truhe wegzuziehen. Wie verrückt hüpfte es herum, zog und schob, doch die Kiste war viel zu schwer. Für Hans war es lustig anzusehen und er konnte sich das Lachen nicht verkneifen. Da fluchte der Herumhüpfende gar schlimm und sprach zu dem Lachenden: „Siehst du nicht, wie ich mich hier plage und abmühe? Die Kiste ist für mich zu schwer. Hilf mir, ich muss sie von da fortbringen! Ich habe fast keine Kraft mehr." Der Hans blieb stehen und sagte nur: „Sicher nicht. Du kannst das schon. Ich pack da nicht mit an!" Da drehte sich das Männchen zu ihm und fing an zu weinen:

„Bitte! Bitte hilf mir! Die Truhe muss da weg. Und ich kann nicht mehr. Bitte! Bitte!" Händeringend fiel die seltsame Gestalt auf die Knie und jammerte weiter. Doch Hans blieb hart und sagte:

„Ich tu das nicht. Du musst dir schon selbst helfen!" Als wäre das die Lösung des Problems, erhob sich das Männchen und klatschte fröhlich in die Hände: „Danke lieber Hans. Du hast mich erlöst. Jetzt muss ich nie mehr versuchen, die Truhe fortzubringen. Danke Hans. Danke!" Die Stimme klang nun nicht mehr so gruselig. Die Gestalt wurde immer blasser und kurz bevor sie ganz verschwunden war, sagte sie noch: „Der Schatz in der Truhe ist jetzt Dein! Danke lieber Hans!" Und weg war das Männchen. Der *Hofnarr* trat vor und hob den eisernen Deckel an. Im Mondlicht glitzerten Unmengen von Silber- und Goldstücken. Hans zog mühevoll die schwere

Kiste den Abhang hinunter und lud sie auf sein *Fuhrwerk*. Er nahm sich vor, den Schatz seinem Burgherren zu überlassen, denn mit so viel Reichtum konnte und wollte er nicht umgehen. Am nächsten Tag erreichte er sein Ziel, doch das Vermögen wollte keiner haben. Wahrscheinlich war die Angst zu groß, dass es ein verwunschener oder mit einem Fluch belegter Schatz sei. So wurde vereinbart, dass die Mönche des Jesuitenordens, die sich in der Gegend um die katholische Bevölkerung kümmerten, mit dem Geld eine Kirche erbauen sollten. Und genau so geschah es.

Anmerkungen:
Noch heute kann jeder die Kirche sehen und den steilen Weg hinaufwandern. Zu bestimmten Zeiten wird sie für christliche Feiern und auch für Führungen geöffnet. Maria Sieben Schmerzen auf Freienstein, so wird die Wallfahrtskirche genannt. Den Namen Freienstein erhielt der Fels deshalb, da der älteste bekannte Name einer Burgfrau Andrea Freiensteiner war. Die Mauern rund um die Kirche sind noch tatsächliche Reste der Burganlage und in jahrelanger Arbeit wird die gesamte Anlage renoviert.

Die Ahnfrau der Eggenberger in Graz

In der folgenden Sage geht es um das *Geschlecht* der Eggenberger. Die Begriffe „*Geschlecht*" oder auch „*Linie*" bezeichnen Menschen, die über mehrere Generationen oder *Jahrhunderte* hinweg von einer Familie abstammen und somit blutsverwandt sind. Der letzte Kaiser Österreichs gehörte zum Beispiel dem *Geschlecht* der Habsburger an. Die erste Frau eines solchen Geschlechtes bezeichnet man als Stammmutter oder auch als Ahnfrau.

Das *Geschlecht* der Eggenberger lebte in Graz, der heutigen Hauptstadt der Steiermark. Ab dem Zeitpunkt der Erhebung in den Adelsstand wohnte die Familie in einem größeren Haus im jetzigen Palais Herberstein und später errichtete sie das wunderschöne Schloss Eggenberg.

Schon früh wurden die Mitglieder der Familie von einem Geist heimgesucht. Bald wussten alle Eggenberger, wenn eine kleine Frau in grauen Kleidern erscheint und einen grauen Fächer vor ihr Gesicht hält, so ist es die Ahnfrau des eigenen Geschlechtes, die vor vielen Jahren gelebt hatte. Sobald die graue Jungfer auftauchte, so wurde sie genannt, stand ein schlimmes Ereignis bevor. Jemand aus der Familie musste bald sterben.

Ungefähr ab dem Jahre 1650 konnte die Familie in das Schloss bei Graz einziehen. Teile des Schlosses und die Gärten waren zwar noch nicht fertig, doch viele Räume waren bewohnbar. Der Geist der Ahnfrau war unsichtbar mit übersiedelt, denn er erschien auch dort.

Die Frau eines Fürsten Eggenberg war sehr gut befreundet mit der Gräfin von Attem, deren Burg Gösting nicht weit von ihrem Schlosse lag. Sie besuchten sich oft gegenseitig und eines Tages war die Gräfin mit ihrem kleinen Sohn im Schlossgarten unterwegs. Die Fürstin hatte sich niedergelegt, da sie sich nicht wohl fühlte. An der Rückseite des Gebäudes befand sich die Kapelle des Schlosses, welche heute noch besteht. Im angrenzenden Garten spielte der kleine Graf von Attem im Gras und sprach mit seiner Mutter. Sie waren ganz allein und das Schloss spendete herrlich kühlen Schatten in der Mittagszeit.

Da bemerkte die Gräfin eine kleine Gestalt von der Kapelle her kommen. Es war eine schmächtige Frau in älterer grauer Kleidung und einer goldbestickten Haube. Vor dem Gesicht hielt sie einen grauen Fächer. In ebenso grauen und zierlichen Schuhen kam die Frau immer näher. Der Gräfin kam die Erscheinung etwas unheimlich vor und auch der kleine Junge verspürte Angst und versteckte sich unter dem Rock seiner Mutter.

Ganz langsam und ohne jedes Geräusch ging oder schwebte die graue Frau an der Gräfin vorbei. Ganz kurz konnte sie das Gesicht erblicken und erschrak, wie bleich es war. Und ein unangenehmer Modergeruch verfing sich in ihrer Nase. Erst nach ein paar tiefen Atemzügen fühlte sie sich stark genug, holte ihren Sohn unter dem Rock hervor und sah nach der grauen Jungfer. Diese war zum Schloss zurückgekehrt und bei der Kapelle verschwunden.

Eilig schritt die Mutter mit ihrem Sohn in das Schloss und suchte ihre Freundin. Sie erzählte ihr von der unheimlichen Begegnung im Garten und hoffte auf eine Erklärung. Die Fürstin schüttelte traurig den Kopf:

„Oh nein. Das war unsere Ahnfrau. Die Stammesmutter der Eggenberger. Es wird keine drei Tage dauern und jemand aus unserer Familie wird sterben. Die Ahnfrau kündet leider so den Tod an. Es tut mir leid, dass ihr das erleben musstet."

Die Gräfin von Attem wollte dies nicht glauben und versuchte, mit ihrer Freundin über etwas anderes zu reden. Doch die

Gedanken der Fürstin Eggenberg kreisten nur um die *Weissagung* herum. Sie ging alle ihre lebenden Familienmitglieder durch. Wer würde wohl vom Tode heimgesucht werden?
Am nächsten Morgen wurde die Gräfin auf ihrer Burg Gösting von einem Boten geweckt. Er berichtete, dass die Fürstin Eggenberg in dieser Nacht einem Herzschlag erlegen sei. Weinend ließ sich die Freundin nach Schloss Eggenberg bringen. Als sie das verdunkelte Zimmer betrat, in dem der Leichnam aufgebahrt war, erschrak sie fürchterlich.
Am Bett der toten Fürstin stand die Ahnfrau und schloss mit ihren dünnen Fingern die Augen der toten Freundin. Eine Bedienstete, die es ebenfalls sah, brach mit einem Schrei zusammen. Die Ahnfrau blickte mit ernster Miene der Gräfin ins Gesicht und verschwand hinter einer Tür neben dem Bett.
Das letzte Mal erschien die Ahnfrau kurz vor dem Tode des letzten männlichen Eggenberger Fürsten. Johann Christian II., Fürst von Eggenberg, starb mit nur 13 Jahren an einer Blinddarmentzündung im Jahre 1717. Dies war die letzte Todesprophezeiung der Ahnfrau der Eggenberger.

Anmerkungen:

Im Palais Herberstein in der Sackstraße 16 in Graz befindet sich heute das Museum im Palais. Neben wechselnden Ausstellungen werden in einer Dauerausstellung wichtige historische Statussymbole gezeigt. Das sind Kronen, Zepter, Kleidung und aufwändige Gebrauchs- oder auch Ziergegenstände.

Der Park des Schlosses Eggenberg bei Graz ist fast täglich zu

besichtigen. Das Schloss mit seinen Prunkräumen und Ausstellungen kann vom Frühjahr bis Herbst besucht werden. Das Schloss ist im Jahr 2012 zum UNESCO Weltkulturerbe erklärt worden.
www.museum-joanneum.at

Die Burganlage Gösting ist heute eine Ruine und kann ebenfalls besichtig werden.

Der Tatzlteich und die Frösche

Südlich von Graz liegt das schöne Rosental. Dort, in der Gemeinde St. Stefan, befindet sich in einem ruhigen Tal der Trössengraben. Eine wirklich eigenartige Geschichte hat sich dort vor über hundert Jahren ereignet.
Direkt in der Senke, beim Tatzlweg, steht heute noch das Haus, in dem damals ein Mann lebte, der von Beruf Weber war. Ein paar Minuten Fußweg zum Wald lag ein kleiner Teich. Dieser war über und über voll mit Fröschen, die jede Nacht mit ihrem Froschkonzert die Umwelt beglückten. Dies war so laut, dass man es oben beim jetzigen Schulgebäude noch hören konnte. Der Weber fand dadurch in der Nacht keinen Schlaf. Egal ob er sich den Polster und die Decke über den Kopf zog oder alle Fenster abdichtete. Das Quaken war immer zu hören. Frösche aussiedeln klappt leider nicht. Was sollte er tun?
Eines Tages ging er fort, um sich Rat zu holen. Wahrschein-

lich suchte er einen Menschen auf, der etwas von Hexenkunst und von schwarzer Magie verstand. Dieser riet ihm: „Hol dir von einem Friedhof einen Knochen eines Menschen! Also ein Totenbein. Wirf dieses in den Teich mit den vielen Fröschen und du wirst sehen, dass sie sofort aufhören zu quaken und zu lärmen!"

Der geplagte Mann ging gleich am nächsten Tag nach Kirchbach, wo unter der Markuskapelle ein *Beinhaus* war, in dem die Knochen von Verstorbenen aufbewahrt wurden. Da der Friedhof so klein war, wurden ältere Gräber aufgelassen und die ausgegrabenen Knochen in Beinhäusern aufbewahrt. Dort nahm er sich heimlich einen Armknochen und wanderte in der Dämmerung nach Hause. Obwohl er schon müde war, marschierte er gleich weiter zum Teich, in dem die Frösche fröhlich herumschwammen und ihr lautes Froschkonzert abhielten.

„Da habt ihr was!" schrie der Weber ganz laut und warf den Knochen in das dunkle Wasser. Sogleich verstummten die Frösche und sahen überrascht auf den Zweibeiner im Trockenen. Dieser wartete noch ein paar Minuten, doch kein einziges Gequake war zu hören, nur das Platschen von herumhüpfenden und schwimmenden Tieren.

„So das war's. Gute Nacht ihr Schreihälse!"

Zufrieden ging der Weber zu seinem Haus zurück. Er freute sich auf einen ruhigen Schlaf, den er schon lange herbeisehnte. Irgendwann in der Nacht weckte ihn ein seltsames Geräusch, das sich mehrmals wiederholte. Er setzte sich im Bett auf und stellte seine Füße auf den Boden. Bevor ihm klar wurde, worauf er getreten war, rutschte er aus und fiel

kopfüber auf den Boden. Er knallte aber nicht am Holzboden auf, wie es sein müsste, sondern etwas Weiches, Glitschiges fing ihn auf. Mühsam krabbelte er im Dunkeln zu seinem Nachtkästchen und entzündete mit einem Streichholz die Kerze. Was er jetzt sah, ließ ihn fast wieder zu Boden fallen. Der ganze Schlafzimmerboden war voll mit Fröschen und die Tür zum Gang war offen. Von dort hüpften weitere Frösche herein. Schreiend ließ er sich ins Bett fallen, in dem sich bereits einige Frösche befanden.
„Nein bitte! Ich will nur meine Ruhe! Ich will nur schlafen! Das ist alles, was ich will."
Das schien die Frösche nicht zu beeindrucken. Das ganze Haus war voll davon. Um sich fortzubewegen, musste er ständig auf die Tiere treten, und das ist barfüßig nicht sehr angenehm. Scharenweise schöpfte er sie mit einem Blecheimer auf und warf sie aus dem Fenster. Doch es wurden nicht weniger. Es schien nichts zu nützen. Sobald es heller wurde, holte er eine Schaufel und einen Schubkarren. Obwohl er schon viele Frösche zu Tode getreten hatte und er eine Menge mit seinem Gerät ins Freie schaffte, hatte es den Anschein, als ob kein Frosch weniger im Haus war.
Die wenigen Nachbarn, die er hatte, schauten nicht schlecht, als sie am Morgen bei seinem Haus die Flut der grünen Tiere sahen. Als ob sie über Nacht aus dem Gras gewachsen wären.
Irgendwann wurde es dem Weber zu bunt, man müsste es eher als „zu grün" bezeichnen, und er ging fort und kam am frühen Morgen wieder. Die Frösche hatten artig auf ihn gewartet. Kein einziger war zurück zum Teich gehüpft. Manche Menschen meinten, der verzweifelte Mann sei bei einem

Pfarrer gewesen, andere sagten, er habe selbige Person aufgesucht, die ihm den Rat mit dem Totenbein gegeben hatte.
„Such den Knochen im Wasser und bringe ihn zurück zum *Beinhaus*. Das ist die erste und wichtigste Aufgabe!"
Unverzüglich marschierte er zum Teich zurück, zog sich aus und suchte den Knochen im Schlamm. Zu seinem Glück war der Teich klein und nicht sehr tief. Es dauerte nicht lange und er hatte das Stück gefunden. Am Ufer zog er seine Kleider an und marschierte nach Kirchbach, um das Totenbein dorthin zu tragen, wo er es genommen hatte. Kaum hatte er den Trössengraben hinter sich gelassen, verließen die Frösche das Haus und hüpften nach hinten zu ihrem Teich. Eine quakende und platschende Tierwanderung war das. Seltsam war es anzusehen. Die letzte Aufgabe, um sein Haus und sich selbst zu retten, war für den Weber das schlimmste.
„Hast du den ersten Teil erledigt, werden die Frösche wieder dort sein, wo sie herkamen. Willst du aber in Zukunft von ihnen in Ruhe gelassen werden, so lege dich für eine Nacht nackt zu ihnen ins Wasser. Wenn du das überstehst, hast du für alle Zeit deinen Frieden."
Es graute ihm fürchterlich, als er sich am Teich auszog und in das kühle Wasser stieg. Sogleich empfingen ihn die Frösche und es gab bald keinen Zentimeter Haut, der nicht von den Fröschen bedeckt war. Sie saugten die ganze Nacht an seinem Körper und in der Früh, als er endlich erschöpft aus dem Wasser steigen durfte, sah er mehr einem Wassermann als einem Menschen gleich. Mehrere Tage blieb er in seinem Haus und versteckte sich. So wie er aussah, getraute er sich nicht hinaus. Womöglich hätte ihn ein Jäger erschossen, da man meinen könnte, ein Monster sei unterwegs.

Als seine Haut und vor allem sein Gesicht wieder die ursprüngliche Form und Farbe angenommen hatte, ging er wieder seiner gewohnten Arbeit nach. Die Frösche blieben weg vom Haus und ließen ihn und seine Nachbarn in Zukunft nachts schlafen. Irgendwann waren die Tiere plötzlich fort.

Anmerkungen:

Heute ist aus dem Teich ein kleiner wunderschöner See geworden. Er ist im Privatbesitz und wird seit vielen Jahren nach den Besitzern benannt. Der Tatzlteich am Tazlweg.
Früher war es wirklich ein kleiner Tümpel. Frau Magdalena Tatzl kann sich heute noch erinnern, dass sie als Kinder vor über siebzig Jahren an diesem Teich gespielt haben und im Sommer baden gegangen sind, obwohl er sehr schlammig war. Frau Tatzl berichtete auch, dass laut Erzählungen ihrer Großmutter früher in den Raunächten die „Wilde Jagd" durch den Trössengraben zog.
Das Beinhaus unter der Markuskapelle bei der Pfarrkirche in Kirchbach wurde zugemauert und ist nicht mehr begehbar. Die Kirche am Trössengraben beim Schulhaus wurde erst später gebaut.

Kärnten

(Klagenfurt, Pisweg)

In Kärnten und der Steiermark gibt es Beinhäuser, auch Karner genannt, die jetzt noch in Gebrauch sind. Eine Ansammlung von Knochen und Totenschädeln bietet natürlich Stoff für viele Geschichten und das nicht nur in Hallstatt in Oberösterreich, wo die bekannteste Aufbewahrungsstätte für ausgegrabene Totenknochen zu sehen ist. Eindrucksvoll ist der historisch wertvolle Karner in Pisweg und fast auch einmalig ist die Geschichte von dort. In der Hauptstadt Klagenfurt gibt es noch den Beruf des Türmers, der inzwischen fast ausgestorben ist. Heute ist er eher Betreuer und Reiseführer, als ein Bewacher und Uhrzeitmeldender. Viel Spaß beim letzten Kapitel des Buches.

Der Totenweckruf von Klagenfurt

Der jetzige Turm der Stadtpfarrkirche von Klagenfurt St. Egid wurde in den Jahren 1692 bis 1709 erbaut. Man kann vom Turm aus sehr weit in alle vier Himmelsrichtungen sehen. Heute noch ist er der höchste Turm der Stadt. In alten Zeiten fanden viele Kriege und Kämpfe statt und oft vernichteten Feuer ganze Stadtteile, deshalb wurde in Klagenfurt ein Wächter angestellt, Türmer genannt. Dieser wohnte im Turm und seine Aufgabe war es, die Gegend immer im Blick zu haben und sofort Alarm zu schlagen, wenn wo ein Feuer ausbrach oder ungewöhnlicher Besuch auf die Stadt zukam. Bis zu dem Jahr, in dem die Kirchenglocke mit dem Uhrwerk zum Einsatz kam, musste der Turmwächter mit einem Horn die volle Stunde vom Turm verkünden. Er stellte sich an die Brüstung, die rund um den Turm ging, und blies laut in sein Instrument, damit man es überall hören konnte. Um Mitternacht durfte er nur in drei Richtungen blasen, nur nicht in den Süden. Denn dort war der Friedhof von St. Ruprecht, der älteste Friedhof der Umgebung, und um die Geisterstunde wollte niemand die Toten wecken. Mehrere Generationen von Türmern verrichteten ihre Arbeit am Turm. Manche gut und gewissenhaft, manche nur sehr halbherzig. Einige waren musikalisch und konnten Melodien blasen, andere brachten gerade ein paar Töne aus dem Blechinstrument. Einer von ihnen war mehr dem Alko-

hol als seinem Beruf zugetan, und so war das Ankünden der vollen Stunde für die Bewohner der Stadt oft fürchterlich anzuhören. Und wenn der Türmer zu betrunken war, so musste es sein Sohn an seiner Stelle machen, der dies leider nie gelernt hatte und auch nicht wollte. Eines Abends saß der Türmer wie so oft im Gasthof „Zum Goldenen Rössl", nicht weit von seinem Turm entfernt, und trank mit einigen Freunden jede Menge Bier. Je später der Abend, desto betrunkener wurde die Runde. Jede Stunde war das Hornblasen des Türmersohnes zu hören, was die Wirtshausrunde zu Hohn und Spott veranlasste. Beim 11-Uhr-Verkünden, der letzten Stunde vor Mitternacht, wurden dem Turmwächter mehrere schlimme Worte an den Kopf geworfen:
„Da muss man sich fragen, wer besser bläst. Der Vater oder Sohn. Es sind beide so schlecht, dass man kaum den Unterschied erkennt" oder „Dein Sohn soll lieber herabrufen, da brauch ich mich nicht jedes Mal erschrecken, wenn er so falsch ins Horn bläst!" Endgültig das Fass zum Überlaufen brachte aber folgender Ausruf:
„Dein Sohn spielt so schlimm, dass er die Toten auf jeden Fall aufweckt, auch wenn er nicht in den Süden bläst!"
Laut lachend und schreiend wurde herumgescherzt und gegrölt. Der Türmer war aber so beleidigt, dass er seinen Krug Bier auf die neben ihm Sitzenden schüttete und rief: „Ich werde euch schon zeigen, was es heißt, die Toten aufzuwecken! Gleich ist es so weit!" Er sprang auf und wankte heimwärts zur Kirche. Mühsam quälte er sich die über 220 Stufen hinauf zu seiner Turmwohnung. Er schickte seinen Sohn ins Bett und ging hinaus auf die Brüstung, da es gleich Mitternacht war. Er stellte sich zuerst gen Süden auf und begann zur

vollen Stunde ganz laut mit seinem Horn zu spielen. Seine Frau und sein Sohn hörten dies und sie bemerkten sofort, in welche Richtung er blies. Sie wollten nach draußen zu ihm, doch der Türmer hatte die Tür von außen verriegelt. Unten in der Stadt waren bereits einige Bewohner auf die Straße gelaufen, denn so ein ungewöhnliches Turmblasen hatten sie noch nicht gehört und sie meinten deshalb, es wäre ein Feuer oder der nächste Krieg ausgebrochen. Am Friedhof von St. Ruprecht konnte man das Blasen gut hören, der Turm war in dieser klaren Nacht weithin sichtbar. Da öffneten sich plötzlich die Gräber und *Gruften*. Knöcherne Finger schoben das Erdreich auseinander und fürchterliche Gestalten erhoben sich. Da erschien im Mondlicht ein weißes, leuchtendes Gerippe, dort ein halbverwester Leichnam, hier ein Wesen, das man gar nicht beschreiben konnte und aus dem *Beinhaus* schwebten halbe Skelette oder Teile davon. Bald war eine riesige Heerschar von Toten und Geistern zum Kirchturm unterwegs. Es war nur das Horn vom Turm zu hören, sonst ging alles ganz ruhig vor sich. Es dauerte nicht lange und der Platz vor dem Turm war umgeben von Toten. Die Lebenden hatten sich in ihre Häuser geflüchtet und beteten. Der Türmer hatte das Instrument abgesetzt und erstarrte, als er sah, was sich am Boden und auch in den Lüften auf seinen Turm zubewegte. Noch immer betrunken schrie er dem Totenheer entgegen: „Nicht zu mir müsst ihr kommen! Die da unten wollten euch sehen! Nicht ich! Verschwindet! Ich brauch euch nicht!" Sein Sohn und seine Frau hatten sich im Kasten versteckt, da die Toten bereits den Turm heraufgestiegen waren. Die ersten Knochenfinger griffen nach dem Wächter. Er konnte das Grinsen der bleichen Schädel sehen und der

modrige Gestank ließ ihn fast ohnmächtig werden. Da hörte er von einer anderen Kirche her eine Glocke. Das Ein-Uhr-Läuten. Mit einem Schlag waren die grausamen Gestalten verschwunden und es war so, als wären sie nie aus ihren Gräbern gestiegen. Der Mann zitterte und blieb erschöpft die restliche Nacht auf der Brüstung sitzen. Seine Familie hörte in dieser Nacht kein Stundenblasen mehr und dachte, er wäre von den Toten zerrissen worden. Erst am Morgen weckte sie der Turmbläser mit schöner und andächtiger Melodie. Groß war die Freude, den lebenden und unversehrten Mann und Vater in die Türmerwohnung hereinkommen zu sehen. Nie wieder getraute sich ein Türmer nach Süden zu blasen. Und es gab noch viele Generationen von ihnen.

Anmerkungen:

Selbst heute gibt es noch einen Türmer, der täglich viele Besucher die 225 Stufen auf den 98 Meter hohen Stadtpfarrturm führt, um ihnen die herrliche Aussicht über Klagenfurt zu zeigen. Nur in das Horn blasen muss er nicht mehr. Ebenfalls zu besichtigen ist die ehemalige Türmerwohnung, in der ein altes Horn ausgestellt ist, mit dem tatsächlich bei Bränden Alarm geblasen und auf die Richtung, aus der das Feuer kam, hingewiesen wurde.

Das Gasthaus „Zum Goldenen Rössl" am Alten Platz 16 war eines der ältesten Wirtshäuser der Stadt. Heute werden dort Zimmer vermietet.

Der Friedhof von St. Ruprecht ist tatsächlich der älteste Friedhof der Stadt. Damals konnte man von dort auf den Stadtpfarrkirchenturm sehen, da die Häuser noch nicht so hoch waren. Eine Zeit lang gab es auch einen Friedhof um die Stadtpfarrkirche, dieser wurde aber wieder aufgelassen. Früher wurden die Toten meistens in Säcken beerdigt und auch nicht so tief begraben wie heute, vor allem nicht im Winter, wenn der Boden gefroren war. An warmen Tagen hing ein schlimmer Verwesungsgeruch über dem Friedhof. Und das wollte man im Zentrum nicht haben. Aus diesem Grund wurden in vielen Städten aus Hygienemaßnahmen die Friedhöfe aufgelassen und außerhalb des Zentrums neu angelegt.

Friedhofspuk in Pisweg

Im Norden von Klagenfurt liegt auf dem Weg ins Gurktal, wo sich das berühmte Kloster Gurk befindet, die Ortschaft Pisweg. Dort steht eine wunderschöne, alte Kirche, umgeben von Gräbern und ein ebenso altes *Beinhaus*, welches überall als *Karner* bezeichnet wird. Auf diesem Friedhof spielte sich eine seltsame Geschichte ab.

Vor vielen Jahren ging in den Wäldern oberhalb der Ortschaft Pisweg ein Holzknecht seiner Arbeit nach. Wahrscheinlich wohnte er in Finsterdorf, südlich der Ortschaft, da er jeden Morgen und Abend seinen Weg über den Friedhof abkürzte. In den Nachtstunden wurde der Friedhof von der Bevölkerung gemieden, da erzählt wurde, dass es dort nicht mit rechten Dingen zugehe. Dem Holzknecht war das egal, er war des Öfteren im Dunklen unterwegs. Er ging zur Arbeit, ehe die Sonne in der Früh aufging und viele noch im Bett lagen und kehrte oft erst nachts heim, wenn die anderen bei den zwei Wirten des Ortes saßen. Immer wieder fiel ihm bei seinem Gang neben dem *Beinhaus* ein Grab auf, das am Morgen geschlossen, jedoch in der Nacht offen war. Als ob der Totengräber das Grab täglich auf und zu schaufelte. Und auch der Sarg war jedes Mal leer, wenn er hinabschaute. Diesem Phänomen wollte er eines Nachts auf den Grund gehen. Er vergewisserte sich, dass das Grab auch wirklich offen war, ging zum *Karner* und nahm zwei Holzbretter heraus, die für den Erdaushub von frischen Gräbern verwendet wurden. Der Holzknecht dachte: „Es wird wohl ein Verstorbener sein, der keine Ruhe findet. Mal sehen, ob sich diese Arbeit ein Lebender oder ein Toter macht." Er legte die Bretter in Kreuzform über die offene Grube und stellte sich unter das vorspringende Dach des *Mesnerhauses* direkt an der Friedhofsmauer. Hier war er vor Geistern und Untoten sicher und hatte einen guten Blick auf das geöffnete Grab. Während er wartete, verzehrte er seine restliche Jause, die sich in seinem Rucksack befand. Gerne hätte er noch ein Bier dazu getrunken, doch er wollte seinen Aussichtsplatz nicht aufgeben. Kurz vor Mitternacht bewegte sich etwas auf das Grab zu. Er erkannte im hellen Mondlicht ein geisterhaftes Skelett, das in die Grube klettern wollte. Nur gelang es ihm nicht, da das Loch versperrt war. Selber konnte der Geist die Bretter nicht wegräumen. Das musste derjenige machen, der sie hingelegt hatte. Die dunklen Augenhöhlen in dem bleichen Schädel suchten den Friedhof ab, bis sie den Mann unter dem Dachvorsprung entdeckten. Wie von unsichtbaren Fäden gezogen, sprang der Knochenmann mit einem Satz vor das *Mesnerhaus*.

„Warst du das? Hast du die Bretter hingelegt?", fragte er den Mann unter dem Dach.
„Ja. Das war ich!" entgegnete dieser.
„Nimm die Bretter weg, damit ich in das Grab kann! Machst du das, so werde ich dir nichts tun."
„Sicher nicht. Ich bin zu kraftlos, um noch zu arbeiten. Ich will nach Hause und schlafen. Vielleicht morgen. Außerdem kannst du mir hier nichts antun, wie du sicher weißt."
Jetzt wurde der Untote zornig und lief vor dem Dach hin und her und beschimpfte den frechen Holzknecht mit wilden Flüchen. Der nahm aus seinem Rucksack eine kleine Flasche Schnaps, die er immer mithatte, und genehmigte sich ein Schlückchen.
„Willst auch ein Stamperl?", fragte er sein Gegenüber und konnte sich ein fieses Lächeln nicht verkneifen.
Nun fing der Geist zu jammern und zu betteln an:
„Bitte lass mich in mein Grab. Ich muss bis Sonnenaufgang unter der Erde sein. Ich kann doch nicht am helllichten Tag herumgeistern."
„Genau das solltest du in der Nacht auch nicht tun. Du brauchst gar nicht mehr herauskommen. Es will dich keiner. Lass die braven Leute hier einfach in Ruhe! Wegen dir traut sich in der Nacht keiner mehr auf den Friedhof. Und jetzt verschwinde, ich bin müde!"
Beide blieben stur. Das Skelett gab den Weg für den Nachhauseweg nicht frei und der Mann wollte die Bretter über dem Grab nicht wegräumen. Bis die Sonne ihre ersten Strahlen zur Erde warf, war die Flasche Schnaps leer getrunken und der Geist hatte keine Macht mehr über die Menschen. So ging der Holzknecht schnurstracks an dem noch immer

jammernden Gerippe vorbei direkt zum Wirten unterhalb des Friedhofs. Die Wirtin vom Gasthof Leitgeb staunte nicht schlecht, als der Holzknecht so bald am Morgen die Stube betrat. Normalerweise kam er am Abend auf eine Jause und nicht zum Frühstück. Sie roch den Alkohol, den der Mann in der Nacht getrunken hatte.

„Lieber Mann, wo kommst du denn her? Du hast ja eine ordentliche Schnapsfahne." Das sagt man, wenn einer nach Alkohol riecht.

Bei einem reichhaltigen Frühstück erzählte der Holzknecht sein nächtliches Erlebnis. Und an diesem Tag ging er nicht mehr zur Arbeit, sonder schlief sich zu Hause aus.

Schnell machte die Geschichte die Runde und bald wusste jeder im Ort, dass am Friedhof ein Untoter umgeht. Nur der *Mesner* nicht. Derjenige, der sich um die Kirche und das *Beinhaus* kümmerte und im besagten *Mesnerhaus* wohnte, hatte noch keine Ahnung. Während der Kirchendiener in die Kirche ging und das Glockenseil zum Morgengeläute zog, stand die Bevölkerung von Pisweg außerhalb des Friedhofs und versuchte, über der Mauer einen Blick auf den Geist zu werfen. Dieser hatte sich hinter einem großen Hollerstrauch innerhalb der Friedhofsmauer versteckt. Zusammengekauert sah er, wie der *Mesner* nach dem Morgengebet die Kirche und den Friedhof verließ. Die Menschen riefen ihm laut zu, er solle schnell laufen und sich in Sicherheit bringen. Der Mann verstand die Aufregung nicht und erst auf der Straße wurde ihm der Grund der Aufregung erklärt. Inzwischen hatten sich die Hühner des Ortes vor dem Hollerstrauch versammelt. Außerhalb der Mauer riefen die Menschen aufgeregt umher und innerhalb der Einfriedung gackerten die Hühner herum und legten ihre Eier unter den großen Strauch. Ab sofort getraute sich außer den Hühnern kein Lebewesen auf den geweihten Kirchenboden.

Der Holzknecht marschierte in den nächsten zwei Tagen auf dem Weg zur Arbeit durch den Friedhof und ignorierte das Jammern hinter dem Hollerstrauch. In der Nacht machte er einen Umweg um den Friedhof. Doch das konnte nicht so weitergehen. Als er am dritten Tag im Gasthof Leitgeb eine Eierspeise bestellen wollte, bekam er Folgendes von der Wirtin zu hören: „Ich würde dir gerne eine Eierspeise machen. Aber seit drei Tagen gibt es keine frischen Eier mehr. Die liegen alle drüben im Friedhof beim Hollerstrauch. Alle Hühner legen nur mehr dort ihre Eier."

Der Holzknecht meinte: „Ja dann holt sie euch dort. Ihr braucht doch nur auf den Friedhof zu gehen."

Die Wirtin entgegnete, dass sich kein Mensch mehr dorthin getraue. Nicht einmal der *Mesner* gehe zur Kirche. Solange der Geist dort sei, werde kein Mensch den Friedhof betreten. Da wurde es dem Holzknecht zu bunt. Er ließ sich von der Wirtin einen Korb geben und ging hinüber. Bei dem großen Strauch machte er Halt und rüttelte die Stauden.

„He! Alter Geist! Hilf mir, die Eier einsammeln und zur Wirtin runter tragen! Ich will eine Eierspeise und wir haben keine Eier mehr. Kannst auch mitessen, wenn du willst."

Tatsächlich erhob sich der Untote und half, die Eier einzusammeln. Da er kein Fleisch und keine Haut an den Fingern hatte, durchstieß er mit seinen harten Knochenfingern beim ersten Ei die Schale. Es war komisch anzusehen, wie er versuchte, das Eigelb von seiner Knochenhand abzuwischen. Nachdem alle Eier eingesammelt waren, forderte der Leben-

de den Toten auf, mit ihm den Korb vorsichtig zum Wirtshaus zu tragen. Ein seltsames Paar war da zu sehen, wie sie die Stube betraten. Die Wirtin schrie laut auf und versteckte sich in der Küche.
„Wir sind da! Mit den Eiern und wir haben riesigen Hunger. Würdest du uns eine Eierspeis machen und uns etwas zum Trinken bringen?"
„Bleibt, wo ihr seid! Du kannst dir selber was zum Trinken machen. Du kennst dich ja aus hier. Bring mir allein die Eier und ich koche sie. Aber holen musst du das Essen auch selber. Solange der… der… der da hier ist, komme ich nicht raus."
Und so bereitete die Wirtin in der Küche die Eierspeise zu und forderte den Holzknecht auf, diese in der Küche zu holen. Der Geist und der Mensch saßen am Tisch. Beide hatten einen Krug Bier und warme Speisen vor sich. Doch nur einer rührte das Essen an. Und nachdem der eine Teller leer war, nahm sich der Mann auch den zweiten Teller vor. Ihm war natürlich klar, dass sein Gegenüber nichts zu sich nehmen konnte. Da hätte er es gleich auf den Boden schütten können. Am Schluss musste auch der zweite Bierkrug dran glauben und als der Mann zahlen wollte, rief die Wirtin aus der Küche ohne sie zu verlassen:
„Auf das Bier lade ich dich ein, und das Essen brauchst du nicht zahlen, denn die Eier hast du selber mitgebracht! Nimm deinen… deinen…, den du da mithast und verschwindet bitte!"
Der Holzknecht wandte sich dem Knochenmann zu und sagte:
„Da du die Eier besorgt hast, sag ich zu dir ‚*Vergeltsgott*'!"
Der Geist rührte sich nicht und der Mann glaubte, dass er eingeschlafen sei. Da gab er ihm einen freundschaftlichen Klaps auf den Schädel und sagte nochmals „*Vergeltsgott!*".

Und da er immer noch sitzen blieb, als ob er tot wäre, und das war er ja auch, schrie ihm der Holzknecht noch viele Male „*Vergeltsgott*" zu. Da drehte der Untote den Kopf und es schien, als ob er grinste, wenn man das bei einem Totenschädel erkennen kann.

„Danke! Mensch du hast mich erlöst. Die vielen ‚*Vergeltsgott*' habe ich gebraucht. Ich habe früher ein schlimmes Leben geführt. Dein Dank hat mich gerettet. Wenn du mich jetzt in mein Grab lässt, dann habt ihr auf Ewigkeit Ruhe von mir."

Das Skelett stand auf und ging mit seinem Erlöser auf den Friedhof. Der Mann nahm die Holzbretter weg und der Geist sprang in das Loch. Am nächsten Morgen war alles wieder so, wie ein paar Tage zuvor. Das Grab öffnete sich nie wieder und viele Jahre wurde es von einem unbekannten Menschen gepflegt, der anscheinend nur im Dunkeln am Weg war.

Anmerkungen:

Das Beinhaus bei der Kirche besteht immer noch. Die Gebeine des Untoten liegen nun zwischen vielen hunderten oder gar tausenden Knochen verschiedener Verstorbener im Untergeschoß des Karners. Ihr könnt von außen eine kleine Stiege hinabgehen und durch ein Gitter auf den riesigen Knochenberg sehen. Aber seid ruhig und andächtig, sonst weckt ihr womöglich noch einen anderen Toten auf!

Wer Fotos von den Originalschauplätzen sehen möchte, kann sich auf *www.erich-weidinger.at* die Bilder aufrufen.
In der Rubrik Sagenbücher – Gruselreiches Österreich – findet ihr die verschiedenen Bundesländer mit den Fotos.

Viel Spaß beim Durchklicken!

Glossar

ein Glossar ist ein Wörterverzeichnis mit Erläuterungen zu in den Texten verwendeten Begriffen. Insbesondere sehr alte oder fachspezifische Wörter sollen hier kurz erklärt werden.

Adel, adelig
hohe Gesellschaftsschicht im Mittelalter, deren Mitglieder mehr Macht und Rechte hatten als andere Menschen

Almosen
kleine Spende an bedürftige Menschen

Ansitz
großes, prunkvolles Gebäude

Bauernkrieg
oberösterreichische Bauern wehrten sich 1626 gegen die bayerische Besatzung (Frankenburger Würfelspiel)

Chronik
Buch mit Aufzeichnungen von Ereignissen in zeitlicher Reihenfolge

Geschlecht / Linie
Menschen, die über mehrere Generationen oder *Jahrhunderte* hinweg von einer Familie abstammen und somit blutsverwandt sind (z.B. die Habsburger, die Babenberger)

Fährmann
Person, die ein Boot über einen Fluss fährt. Ein wichtiger Beruf, als es noch nicht so viele Brücken gab

Frevel / Freveltat
Tat oder Beleidigung, die religiöse Werte und Personen verletzt

Fuhrwerk
Wagen oder Karren zum Transportieren, der von einem Zugtier (Pferd, Esel) gezogen wird

Freiherr
ein Adelstitel aus dem Mittelalter, wie z.B. auch Graf, Fürst, etc.

Fronfasttage (Quatember)
drei Fasttage (Mittwoch, Freitag und Samstag) der ersten Fastenwoche, der Pfingstwoche, der dritten Woche im September und der dritten Adventwoche.

Gerichtsbarkeit
Menschen, die über Recht und Unrecht entscheiden

Gerichtsschranken
hölzerne Abgrenzung zwischen Verurteiltem und Richter

Gruft, Krypta
Raum unter einer Kirche, in dem Särge, *Sarkophage* und Urnen bestattet werden

Grundherrschaft
Adel und Kirche besitzen Land, das von Bauern bewirtschaftet wird

Hofnarr
lustiger Mann, der durch seine Späße die Menschen am Hof unterhält

Jahrhundert
Zeitspanne von 100 Jahren; die Zahl der Bezeichnung entspricht dem letzten Jahr der Zeitspanne; das 13. *Jahrhundert* umfasst also die Jahre 1201 bis 1300

Karner, Beinhaus
Aufbewahrungsort für Knochen von aufgelassenen Gräbern, meist in unterkellerten Kapellen

keltern
Trauben und anderes Obst auspressen, um aus dem Saft Wein oder Most herzustellen

Leutnant
Dienstgrad beim Militär

Mesner
Angestellter der Kirche, unterstützt den Pfarrer, bereitet alles für die Messen vor, öffnet und schließt die Kirche;
Mesnerhaus
früher wohnte dieser in einem eigenen Haus, in dem die Gerätschaften für die Kirche untergebracht waren

Oberst
Dienstgrad beim Militär

Pest
sehr schlimme Krankheit, die in Europa vor allem im Mittelalter verbreitet war

Raunacht (Rauhnacht)
die zwölf Nächte zwischen Weihnachten und dem Dreikönigstag

Richtplatz
Ort, an dem früher Verurteilte hingerichtet wurden. Dort standen auch Galgen und andere Tötungsinstrumente

Sarkophag
Sarg aus Stein oder Metall; vor allem wohlhabende Menschen wurden darin bestattet

Sauerampfer
wild wachsendes und sauer schmeckendes Kraut

Senn, Senner, Sennerin
Person, die eine Alm bewirtschaftet

Vergelt's Gott
Dank im österreichischen Dialekt

Weinlese
Ernte der Weintrauben

Weissagung
Prophezeiung oder Voraussagung eines Ereignisses, das in der Zukunft möglich ist

Zille
Holzboot mit flachem Boden, das zum Transport verwendet wurde; heute noch z.B. von Fischern verwendet

Quellenverzeichnis

Altenmarkt im Pongau 1996 – 3-bändige Ortschronik Gemeinde Altenmark

Das Salzburger Sagenbuch – Josef Brettenthaler und Matthias Laireiter – Verlag der Salzburger Druckerei – 1969

Deutsche Alpensagen. Gesammelt und herausgegeben von Johann Nepomuk Ritter von Alpenburg, Wien 1861- Innsbruck

Die Linzer Gasse – Geschichte und Geschichten zu einer Salzburger Gasse – von Rudolph Klehr – Stadtverein Salzburg

Die Schallaburg – Geschichte Archäologie Bauforschung – Bibliothek der Provinz 2011 – mit einem Beitrag von Johannes Kritzl über „Die Sage vom Hundefräulein"

Drachen, Hexen, böse Geister – Sagen aus dem Bezirk Kustein – Wolfgang Ingenhaeff und Eva Schwaiger – Berenkamp Verlag 1993

Geheimnisvolles Hall – Christine Zucchelli – Tyrolia Verlag 2012

Geschichte der Stadt Linz – Band 1 – Fritz Mayrhofer, Willibald Katzinger – Verlag Wimmer Linz 1990

Imster Geisterbrevier – Sagenkundliches von Hermann J. Spiehs – Im Selbstverlag neu herausgegeben von Ferdinand Köck – Imst 1992

Kärntner Sagenbuch – Matthias Maierbrugger – Johannes Heyn Verlag 1970

Lockenhaus – Hrsg. Marktgemeinde Lockenhaus anlässlich des 500 Jahr Jubiläums seiner Markterhebung – Eigenverlag der Gemeinde
Führer der Kirche Lockenhaus – Verlag St.Peter Salzburg 1994

Mythen und Bräuche des Volkes in Österreich – Theodor Vernaleken – Wien 1859

Nachtvolch und Laguzerbutz – Sagenhaftes aus dem Großen Walsertal Franz Elsensohn – Verlag Hämmerle 2004

Oberösterreichisches Sagenbuch – Hrsg. von Dr. Albert Depiny – Linz 1932

Sagen aus Dornbirn – Walter Weinzierl – Dornbirn 1968

Sagen in und um Linz, in: Oberösterreichische Heimatblätter, Jahrgang 21, 1967, Heft 3 / 4 – Hans Commenda

Sagen aus dem Mühlviertel – Fritz Winkler – OÖ Landesverlag 1964

Sagen aus der grünen Mark – Hans von der Sann – Leykam Verlag 1922

Sagen aus Innsbrucks Umgebung, mit besonderer Berücksichtigung des Zillerthales – Gesammelt und hrsg. von Adolf Ferdinand Dörler – Innsbruck 1895

Sagen aus Oberösterreich – Erich Weidinger – Ueberreuter Verlag 2002

Sagen aus Österreich – Verlag Carl Ueberreuter 1951

Sagen und Legenden von Steyr – Franz Harrer – Verlag Ennsthaler 1965

Spuk in Österreich – Gabriele Hasmann und Ursula Hopp – Ueberreuter Verlag 2012

Volkssagen, Bräuche und Meinungen aus Tirol – gesammelt und herausgegeben von Johann Adolf Heyl – Brixen 1897, Nr. I / (Imst)

Wachausagen – Erzählt und allen Freunden der goldenen Wachau gewidmet von Josef Wichner – Krems an der Donau. 1920

Und alle *Sagenbücher* von den diversen Bundesländern von Leander Petzold – erstmals erschienen im Diederichs Verlag

Danksagung

Vielen Dank an folgende Personen und vielen anderen, die ich hier nicht nennen kann:

Adlassnigg Rudolf – Rankweil (Vorarlberg)
Hr. Benauer – Gemeinde Thüringen (Vorarlberg)
Dittel Rudolf – Pinkafeld (Burgenland)
Einwaller Georg – Kufstein (Tirol)
Eggler Franz-Karl – Bludenz (Vorarlberg)
Mayr Kirsten und Vigl Walter – Imst (Tirol)
Maxian Jeff – Vöcklabruck (OÖ)
Sobota Helga – Heimathaus Altenmarkt im Pongau (Salzburg)
Tatzl Magdalena und Sohn Tatzl Hans – Tatzlgraben (Steiermark)
Weidinger Andrea und Maria – Seewalchen (OÖ)

Gemeinde Lockenhaus – Fr. Frühstück (Burgenland)

Gräfin Kuefstein auf Schloss Greillenstein (NÖ)

Und besonderen Dank an meine Lektorin Verena Moser – Seewalchen, Wien

Internetseiten

www.erich-weidinger.at
www.sagen.at
www.maria-freienstein.at
www.museum-joanneum.at
Webseite der Pfarre Saalbach: www.saalbach.net/pfarre/
Webseite Gasthof Post: www.hotelpost-saalbach.at/
www.salzburgwiki.com
www.greillenstein.at
Webseite der Gemeinde Öpping: www.oepping.at

Und nach einer Erzählung von Professor Mag. Karlheinz Pilcz
www.moedlingkleinestadtganzgross.at

Webseite der freiwilligen Feuerwehr Sand: www.ff-sand.at

Ortsverzeichnis

Hier werden alphabetisch die Orte und Städte angeführt, die in diesem Buch vorkommen. Wenn nach der Seitenzahl ff zu lesen ist (steht für: fortführend), dann bedeutet dies, dass sich die Geschichte um diese Ortschaft über mehr als eine Seite zieht. In Klammern stehen Abkürzungen für die Bundesländer: V = Vorarlberg, T = Tirol, S = Salzburg, OÖ = Oberösterreich, NÖ = Niederösterreich, W = Wien, B = Burgenland, ST = Steiermark, K = Kärnten.

Altenmarkt (S)	Seite 46 ff.
Bayern (Deutschland)	Seite 60
Bludenz (V)	Seite 19
Bregenzerwald (V)	Seite 10 ff., 18,
Dachstein (OÖ)	Seite 54 ff.
Dambachtal (OÖ)	Seite 56 ff.
Dornbirn (V)	Seite 18
Dürnbach (OÖ)	Seite 59
Eisenstadt (B)	Seite 98
Enns – Fluss (OÖ)	Seite 56 ff.
Enns – Stadt (OÖ)	Seite 56
Garsten bei Steyr (OÖ)	Seite 56
Göfis (V)	Seite 14 ff., 20
Graz (ST)	Seite 113 ff.
Greillenstein (NÖ)	Seite 66 ff.
Güns – Köszeg (Ungarn)	Seite 103 ff.
Gurk – Gurktal (K)	Seite 129
Hall in Tirol (T)	Seite 32 ff.
Heiligenreute bei Dornbirn	Seite 18

Ortsverzeichnis

Imst (T)	Seite 24 ff.
Innsbruck (T)	Seite 28 ff.
Katzing (OÖ)	Seite 62
Kirchbach (ST)	Seite 118 ff.
Klagenfurt (K)	Seite 124 ff.
Kleines Walsertal (V)	Seite 13 ff.
Kufstein (T)	Seite 35 ff.
Lahrndorf (OÖ)	Seite 56
Leoben (ST)	Seite 110
Linz (OÖ)	Seite 59 ff.
Lockenhaus (B)	Seite 103 ff.
Maldonalpe (T)	Seite 24 ff, 26 ff.
Mellau (V)	Seite 18
Mödling (NÖ)	Seite 76 ff., 91 ff.
Obergrünau (OÖ)	Seite 62 ff.
Öpping (OÖ)	Seite 61 ff.
Pisweg (K)	Seite 129 ff.
Radstadt (S)	Seite 46
Radstädter Tauern	Seite 56
Raggal (V)	Seite 11
Rankweil (V)	Seite 14, 20
Rehmen (V)	Seite 10
Röhrenbach (NÖ)	Seite 66 ff.
Rosental (ST)	Seite 117
Saalbach (S)	Seite 40 ff.
Salvösenklamm (T)	Seite 24 ff.
Salzburg – Stadt (S)	Seite 50 ff.
Sand (OÖ)	Seite 56 ff.

Satteins (V)	Seite 17 ff., 20
Schallaburg (OÖ)	Seite 71 ff.
Schlägl (OÖ)	Seite 62 ff.
Sopron (Ungarn)	Seite 98
St. Gallen (Schweiz)	Seite 19
St. Peter-Freienstein (ST)	Seite 110 ff.
St. Ruprecht, Klagenfurt (K)	Seite 124 ff.
St. Stefan, Rosental (ST)	Seite 117 ff.
Südtirol (Italien)	Seite 29
Tarrenz (T)	Seite 28
Thüringen (V)	Seite 18 ff.
Troifach (ST)	Seite 110
Tschagguns (V)	Seite 11 ff.
Tufers (V)	Seite 14 ff., 20
Wien (W)	Seite 79 ff.

Burgen, Klöster, Ruinen und Schlösser:

Burg Lockenhaus (B)	Seite 103 ff.
Burg Schwarzenhorn (V)	Seite 17 ff., 20
Göstingburg bei Graz (ST)	Seite 114 ff.
Schallburg (NÖ)	Seite 71 ff.
Schloss Eggenberg (ST)	Seite 113 ff.
Schloss Greillenstein (NÖ)	Seite 66
Schloss, Ruine Thierberg (T)	Seite 35 ff.
Stift Melk (NÖ)	Seite 71
Stift Schlägl (OÖ)	Seite 62 ff.

Der Autor

Erich Weidinger

Geboren 1964, wuchs am Attersee (OÖ) auf. Nach einer Lehre und einer pädagogischen Ausbildung arbeitete er mehrere Jahre als Erzieher. Später wechselte er in den Buchhandel.
Neben diversen Ausbildungen und Projekten im Amateurtheaterbereich beschäftigte er sich seit jungen Jahren mit der österreichischen Sagenwelt. Dabei entstanden Publikationen zur Oberösterreichischen Sagenwelt – Sagen und Märchen vom Attersee / Sagen und Märchen vom Traunsee / Das Hausruckviertel in seinen Sagen / Sagen aus Oberösterreich und zuletzt: Der Riese vom Hamberg - Sagenhaftes aus dem Zillertal im Kral Verlag, sowie ein Bilderbuch zum Thema klassische Musik: „Moritz und der Dirigent".
Er ist auch Autor von diversen Kurzkrimis und Mitherausgeber von Krimisammlungen: Anthologien genannt. Kurzkrimis für Jugendliche erschienen unter dem Titel „Schneller als die Angst" im Obelisk Verlag 2013.
Durch seine pädagogischen Kenntnisse und Theatererfahrungen ist er als Vorleser in vielen Schulen beliebt und bekannt.
www.erich-weidinger.at

Der Illustrator

Christian Hemetsberger

wurde am 02.09.1967 in Wels (OÖ) geboren und ist in Schwanenstadt aufgewachsen. Nach dem Abschluss einer kaufmännischen Lehre 1986 begann er in einer Bank zu arbeiten, für die er seit 13 Jahren als Marketingverantwortlicher tätig ist.

Schon als Kind war er fast täglich mit Zeichen- und Farbstiften bewaffnet unterwegs. Anfang der 90er Jahre begann er sich mit der Malerei zu beschäftigen. Das Zeichnen und Illustrieren steht jedoch bis heute im Mittelpunkt. Viele begehrte Plakate entstanden so während seiner 15-jährigen Amateurtheaterleidenschaft. Neben dem Bleistift ist mittlerweile das digitale Zeichentablett der wichtigste Begleiter bei der Umsetzung seiner kleinen Kunstwerke.

Anfragen werden selbstverständlich gerne unter sudoxe67@gmail.com entgegengenommen.

Weitere Titel aus dem KRAL-Verlag

Der Riese vom Hamberg
Sagenhaftes aus dem Zillertal
Erzählt von Christina Kühnreich und Erich Weidinger

Max und Marie finden unter einem Stein einen verletzten Bergtroll. Er erzählt ihnen von dem Hambergriesen. Über der Ortschaft Stumm im Zillertal am Hamberg schläft er seit undenklichen Zeiten. Nun ist er aber in Gefahr, da der böse Zwerg Alberus sein Unwesen treibt. Die Kinder beschließen dem Troll zu helfen und mit anderen sagenhaften Wesen stellen sie sich dem bösen Zwerg in den Weg.
Im zweiten Teil des Buches werden die Sagen rund um den Hamberg und den Riesen im Zillertal neu erzählt. Ergänzt wird es mit doppelseitigen farbigen Illustrationen von Alfred Kröll und Stephan Eberharter (österr. Skilegende aus dem Zillertal).

ISBN: 978-3-99024-152-3
Preis: € 9,90
96 Seiten

Besuchen Sie uns im Internet unter:
www.kral-verlag.at

Weitere Titel aus dem KRAL-Verlag

Richard Löwenherz
Die Blondel-Sage

Erzählt von Rudolf Schuppler

Spannend und lebendig erzählt dieses Graphic Novell von der Suche des Sängers Blondel nach seinem Herrn und Freund, dem englischen König Richard Löwenherz und dessen Befreiung. Erklärungen, eine Landkarte und Kommentare auf den letzten Seiten des Buches vermitteln eine Fülle von Hintergrundwissen und helfen, die mittelalterliche Sage und ihre Zeit leichter zu verstehen.

ISBN: 978-3-99024-231-5
Preis: € 14,90
48 Seiten

Besuchen Sie uns im Internet unter:
www.kral-verlag.at

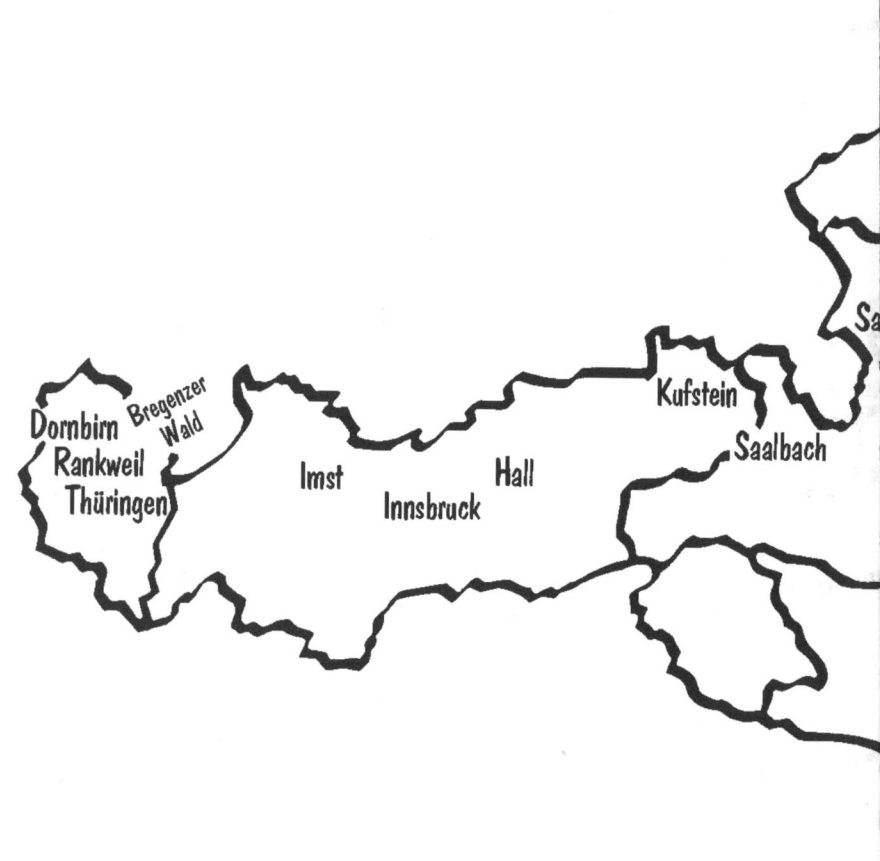